大夏书系·数学教学培训用书

做一个讲道理的数学教师

罗鸣亮 著

华东师范大学出版社
全国百佳图书出版单位

目 录

序一 做一个真正"明理"的数学老师 ………………………………………… 1
序二 呼唤"明师" ……………………………………………………………… 3

上篇 探寻讲道理的课堂

第一讲 问题——我们的教学讲道理吗? ……………………………………… 3
第二讲 探求——数学需要什么样的课堂? …………………………………… 10
第三讲 思索——数学教学需要哪些道理? …………………………………… 19
第四讲 策略——课堂该如何讲道理? ………………………………………… 37

下篇　我的讲道理课堂

第一讲　凸显数学精神，培养数学素养
　　——以《你知道吗？——判断2、3、5倍数特征的道理》为例 77

第二讲　追本溯源，于深处明理
　　——《小数的意义》教学思考 96

第三讲　"理"清本质，深化内涵
　　——以《长方形的面积》为例 111

第四讲　出其不意，智慧交融
　　——以《平行四边形和梯形》为例 126

第五讲　数形结合，直面规定
　　——以《近似数》为例 139

第六讲　悬起趣扬，顺畅喜悦
　　——以《认识整万数》为例 149

第七讲　朴实灵动，预约精彩
　　——以《认识含有万级和个级的数》为例 158

第八讲　博思简显，以约至博
　　——以《三角形的分类》为例 170

第九讲　由表及里，明晰道理
　　——《混合运算》教学思考 183

附录一
　　追寻教育梦想的旅程 189

附录二：他人眼中的我
　　像树一样向上　如水一般向前 195
　　罗鸣亮：用爱心探索课堂教学的真谛 197

后　　记 201

序一　做一个真正"明理"的数学老师

很喜欢这样一个题目："做一个讲道理的数学教师"，因为它促使我认真地去思考这样一些问题：数学教学为什么要"讲道理"？数学教学需要哪些"道理"？我们在教学中又应如何去"讲道理"？

尽管十分希望广大读者特别是一线教师也能对上述问题作出自己的思考，但我相信我们又都可以由这一著作获得这方面的直接启示。当然，与其说这本书已经建构起了这方面的系统理论，毋宁说它为这方面的进一步工作提供了很好的基础。笔者通过仔细阅读这一著作获得的直接体会是，其中确有很多真知灼见。而罗鸣亮老师能够做到这一点，主要在于他勤于思考，善于思考。例如，即使在获奖以后，他也能"让自己在最短的时间内静下心来，读书、思考……每次上完课，不再去关注别人的感受，而是追问自己的心：我上出真实的自己了吗？我真情演绎自己了吗？跟孩子们真实交流对话了吗？还能有更大的突破吗？"

立足实际教学活动，从教学出发进行思考，并致力于改进教学，是这一著作的又一亮点，这不仅体现于书中给出的众多课例，也可由相关的总结或反思清楚地看出，特别是，罗鸣亮老师避免了仅"从纯理论的高度出发……让你心悦诚服的同时却仍不知所措"，或者仅止于"神来之笔式的灵感……让你拍案叫绝之余却无从借鉴"。罗老师的做法是带领着年轻教师们"共同经历了为了什么、该怎么办、为什么这么办，有没有更优方案，再加上他亲自的尝试、示范"，努力让老师们"听得明白、说得清楚、上得流畅"。

当然，我们又不应沉浸于书中给出的各个课例与相关论述，恰恰相反，在掩卷之时也应认真地去思考：我们从这一著作中究竟学到了什么？进而，尽管以下的思考似乎离题较远，但事实上也应说与前一问题密切相关：通过阅读你对罗鸣亮老师又有了怎样的了解或认识？

显然，对于后一个问题我们不能停留于这样一个解答：这是一个好老师！笔者的看法是：他确实是一个勤于思考、善于思考的数学老师，特别是，他总是在思考自己的教学如何才能很好地体现相关内容的数学本质；他还是一个十分有趣的老师，这并不只是个性的自然流露，恰恰体现了他这样一种思考——我们怎么才能让学生轻松、快乐地去学，并能真正做到"乐在其中，悟在心中"？

愿我们大家都能以罗鸣亮老师为师、为友，勤于思考，善于思考，做一个真正"明理"，同时又能在课堂上讲清道理，更能引导学生积极地进行思考、弄清道理的数学教师！

南京大学哲学系教授、博士生导师　郑毓信

2016年6月于南京

序二 呼唤"明师"

课改走过十多年了,在当下的小学数学课堂上,教知识仍然是教师的要务,会解题依然是学习的重点,教学的定式、题型的标志、套用的方法、按部就班的模仿,使我们的学生不断地进行机械的数字操练。与过去不同的是,有时课堂也泛起一些改革的涟漪。但总体说来,知其然而不知其所以然的现象依然盛行。以逻辑性著称的数学学科,"不知所以然"的教学,"把原本最讲道理的数学搞成了'不讲理的学问',使原本最容易学的学科变成了最令人惧怕、生厌的学科!"(章建跃语)

要改变,让数学成为"讲道理"的数学。从教师开始,才能让数学课堂成为讲道理的课堂。学生的需要是教师存在的理由,学生的发展是教师价值的体现。

讲道理,首先得教师懂"道理",然后各方尽可能给教师提供"讲道理"的诸多条件,最后激励教师"讲道理",这样才可能有"讲道理"的教学。从这个角度来说,我们需要"明师"。"明师"才可能明道理,教明书,育明人。"以其昏昏使人昭昭",是不可能的。当下,培养"明师"是深化课堂教学改革的必然。

"明师",简单地说,就是"想得明白、说得清楚、指导到位"。明什么?从数学学科、教学方法和教学实践三个角度,可以归纳为三句话,就是:"明数理,知教理,行道理"。

"明数理",简单地说,就是懂得数学。了解数学的发展史、数学的作用与地位、数学文化、数学的思想方法和精神实质,以及与数学教学相关的教育学理论、心理学理论等;理解并整体把握小学数学,弄懂小学数学中的数量关系、图形关系、随机关系，包括数学概念、定义、公式、定理、法则、规律等等；掌握每一节课教学内容"是什么""什么样"，它在版块中的位置、意义、作用，与其他内容的纵横关联，进而，能够对内容明晰细化，并依照知识的逻辑性、系统性、连贯性的顺序即知识序，实现教学内容的新旧联系、从低到高、螺旋上升，以知识序确定教学序并确定教学目标、教学事件、形式方法、轻重详略，等等。

"知教理"，就是在数学教学理论的引导下，更新教学理念，掌握和运用教学方法。要突破数学学习在模仿和复制中的轮回，关键是吸收现代数学教学理论的精髓，让数学教学在传承中创新。要倡导和尝试"活动的数学"，让学生在做数学中学数学，让学生在教师指导下"再创造"，让学生在反思中形成数学思维、创新思维。这是大的"教理"。而教学方法是教师在教学过程中，以有效方式让学生建构学习内容、达到教学目标的一系列操作方法、程序和实施途径。任何一种教学方法都不是万能的，每一种教学方法都有其适用范围和局限性。最重要的是，要用数学知识所承载的数学思维方法研究问题、发现问题，遵循规律进行教学。

"行道理"，就是在教师"明数理、知教理"的基础上，带领学生学习数学。课堂教学是知行合一的途径，行道理就是知行合一的过程。行道理的路线图是"教学设计—教学实践—教学反思"。教学设计是课堂教学的基础，教学实践是课堂教学的展开，教学反思是课堂教学的提升。行道理的核心是针对学生进行设计，让学生在"做、想、说……"中展开教学。一要遵循从已知到未知、从感知到理解、从巩固到运用、从具体到抽象、从易到难、由简到繁、由近及远的认知序开展教学；二要分析学生，分层教学，以点带面，最大限度地实现人人都能获得良好的数学教育，不同的人在数学上得到不同的发展；三要在学生反思的基础上，把老师自己研究知识、研究问题的体会讲出来，让学生感受老师是如何提出问题、理解问题、研究问题的，引导学生去理解问题、思考问题，最终让学生"做得来、想明白、说清楚"。

我们期待，构建小学数学"明师"平台，或者说"明师之道"。"明师之道"，指让小学数学教师经历"明数理、知教理、行道理"的过程，掌握小学数学教学规律，促进小学数学教师成为"明师"。"明师"，既可以是动词，也可以是名词，是教师专业成长从过程到结果的经历，从使之"明"到其"明"。从更高的层次认识，"明师之道"，既是教师成长的道路，也是教师成长的规律。

本书的作者罗鸣亮老师，经历了小学数学教师、小学校长职务的过程，来到了省级小学数学教研员的岗位。我觉得，如同他过去的同事说的，"像树一样向上，如水一般向前"，在"明师之道"上前行。本书是他的经历的结晶、经验的升华，从书中还能领略他闪着灵光的小创意，许许多多基层教师喜欢的、可模仿的教学案例。更难能可贵的是，他正在从显性的、表层的课堂教学的技法走向深层的、思维层面的思考和实践。换句话说，他正行走在从"术"探"道"的路上。我相信，本书能够让更多的教师在自己的心中播下自我成长的种子，踏上"明师之道"。因为"明师之道"，是平等成长之道。每一个教师都是具有自主意识、自主行为能力的主体。只要方向正确、方法得当，大家都可以在自己原有的基础上，通过自身的努力学习、积极实践，增强自身的能力，成为名副其实的"明师"。

福建省教研室　彭晓玫
2016 年 10 月

上篇　探寻讲道理的课堂

- 第一讲　问题——我们的教学讲道理吗?
- 第二讲　探求——数学需要什么样的课堂?
- 第三讲　思索——数学教学需要哪些道理?
- 第四讲　策略——课堂该如何讲道理?

第一讲　问题——我们的教学讲道理吗？

"杂交水稻之父"袁隆平院士曾说过，他最喜欢外语、地理、化学，最不喜欢数学。袁隆平不喜欢数学的缘由来自其在少年时期的一些求学经历。在中学学习正负数知识时，袁隆平搞不清楚"为什么负负得正"，于是就去请教老师，没想到老师告诉他"不要问为什么，记住就行"。后来学几何知识时，对一个定理不理解，再次去问老师，结果又得到了类似的回答。由此，袁隆平就觉得数学"不讲理"，对数学学习失去了兴趣，数学成绩也不尽如人意。

从几次国际测试中，我们看到了这样一种现象，对于两位数乘两位数的笔算乘法，中国学生的正确率达到了95%，美国和英国学生的正确率不及50%，但是在考查两位数乘两位数的算理时，中国学生的正确率达不到56%，而英国和美国学生的正确率却达到86%。会计算却不能理解其算理，这是否说明我们的课堂教学存在一定的问题？

又如，某次教育质量监测试卷所包括的9道解答题，无一例外地都出现这样的文字——"写出你的理由"。在以往的试卷命制中，解答题都是列式解答，为什么要加上"写出你的理由"呢？显然让学生写理由是为了帮助学生进一步理清知识，促进对知识本质的深刻理解。可是，除了少部分比较优秀的学生，许多学生到了"写出你的理由"时，都束手无策，一脸茫然：有人写的是"我不会写"；有人写的是"不知道写什么"；有人写的是"没写过"；有人写的是"你懂得"；还有人写的是"你自己去写吧"；甚至还有学生索性就弃题不做……

以上是从教学对象的表现这一角度反思我们的教学：学生为什么不会写

理由呢？他们对这些知识真的理解了吗？教师作为教学的组织者、引导者，在实践教学中是否有意识、有计划地引导学生去思考、去探究数学道理呢？

在一次省级教学研讨会上，观摩了一场同课异构活动，其中有一节是《口算除法》。与会的老师们都反映这个课不好上，原因是这节课知识点太简单，教材例题就教60÷3这一知识，不用教，孩子们都懂得等于20。

执教教师为了让设计更与众不同，就改编例题创设新的情景。课伊始，她说："同学们，我来自××地方，请一起到我的家乡去看看。"随之镜头切到她的家乡，她家乡的桥、水、山，她学校旁边的果园——农林山庄，山庄里有农民伯伯在采摘苹果。这时屏幕出现了一个问题："60个苹果平均分给3个人，每个人能分得几个苹果？"问题一出现，学生马上得出是"20个"。老师追问："你怎么知道是20个？"学生回答："60÷3=20。""为什么60÷3=20？"学生说："因为6÷3=2，所以60÷3=20。"看似教学很流畅，学生的推理亦没有任何问题，可他们真明白算理了吗？

我们发现，许多学生到初中后都不适应数学教学，其原因有两点：其一，小学阶段的选择题都是单向选择，也就是答案都是唯一的，到了初中以后，往往选择是多项的，要求从不同角度思考。其二，初中的推理，其结果可能是正确的，也可能是错误的。其推理过程必须通过有效的过程论证，结合实际讲道理，才是科学的推理。而小学生所接触的推理，其答案大部分是正确且唯一的，推理缺乏严密性。理所当然的推理，加上原有的经验，让学生对这个知识点的认知停留在会算，而不知道为什么这样算的道理。

那么这节课，我们要做的事情是什么呢？教材里有这样的话——"彩色手工纸每沓10张，每盒100张"，"把60张彩色手工纸平均分给3人，每人得到多少张"，老师把这60张纸改成60个苹果，其改编是否合理呢？手工纸每叠10张，就要借助这个情境想到要把60张纸看成6叠，也就是6个十，6叠平均分给3个人，每人分到的就是2叠，2叠是20张。而600÷3时，就是把600看成是6个100，也就是6盒，把6盒平均分给3个人，每人得到2盒，也就是2个100张。把手工纸改成了苹果，数量都是60个，但是却淡化了口算除法算理的本质，也就是十进制的本质问题。一味地创设情境，反而忽略了其背后所承载的数学道理。

著名教育家苏霍姆林斯基说:"在我们每个人的内心深处,都有一个根深蒂固的愿望,那就是希望自己是一个发现者、探究者,而在儿童的内心深处,这种愿望尤其强烈。"少年时期的袁隆平就希望自己是数学的探究者,对不懂的问题,积极质疑,并主动去请教老师,期待老师的释疑。可惜老师错过了与学生共同成长的教育契机,以简单的方式敷衍学生,结果令学生留下"数学不讲理"的观感,也使这个学生与数学渐行渐远。现在的课堂教学许多教师已经开始关注学生,引导学生自主探究学习。但是仍有部分数学教师的课堂教学,依然仅要求学生记得住、能计算、会解题,学生"知其然,却不知其所以然",更别说能举一反三、灵活运用了,导致学生对数学学习失去了兴趣,甚至排斥数学学习。这样的课堂,存在以下弊病:

第一,缺少说理环境,学生讲理欲望淡薄。

有教学经验的教师都知道,不同学校的学生,甚至同一所学校同年段而不同班级的学生,面对同一个问题,反应可能存在明显的区别。特别是在磨课过程中,授课教师会发现,在不同的班级试教,相同的问题情境,相同的知识内容,而学生反应却大不相同:有些班级学生反应积极,回答问题争先恐后;有些班级学生表情麻木,等待老师揭示答案。为什么同一位教师执教同样的问题,学生反应迥异呢?除了执教教师在现场细节处理方面可能出现的细微差别之外,还有一个更为重要的因素,就是各个班级学生的学习习惯不同,面对问题有些是积极思考,乐于探究,有些是消极等待,寄希望于他人告知。

为什么有些班级探究、讲理的氛围淡薄,学生希望躲在他人的背后,不想讲理呢?其原因可能是部分学生的性格比较内向,不善于表现自己,不敢大胆说出自己的见解。此外,我们要更多关注作为学生学习的组织者、引导者与合作者的教师,关注其教育观念及教学行为给学生带来的影响。

目前,小学阶段教育改革的进程,整体上而言,教学评价的改革相对于教育教学方式的改革是滞后的。小学虽然取消了初考的升学考试,但各地各校大部分仍然保存着一定方式的质量检测考试。这种质量检测的方式主要还是纸笔考试,现场观察的方式由于可操作性的原因而极少使用。而笔试命题比较难以检测知识的形成过程,更多还是在考查教学的结果,即"这是什么""怎么做"。在部分教师的眼中,许多知识只要知道怎么做,并通过重复做、反复练得以强化就可以获得好成绩，而不必究其"为什么这么做"。

第二，没有互动空间，学生没有讲理的时间。

笔者与许多一线教师在交流中发现一个奇怪的现象，对于学校安排教师外出学习或参加教研活动这种学校承担经费的难得的学习机会，许多教师却敬而远之。老师们给出的理由比较一致，那就是外出学习几天，等回去时要补落下的课很不容易。从这一现象中，我们可以体会到广大教师的敬业精神，也暴露了教师教学中一种"急"的心态。许多老师都觉得很忙，每天都容不得懈怠，每一节课都要争分夺秒。产生这种心态的原因，主要有两种：

其一，客观原因。根据《福建省义务教育课程实施计划（试行）》的通知，小学阶段数学学科课程设置一至四年级每周4节，五、六年级每周5节，学年总节数分别为140节与175节（文件中每学年实际教学按35周计算）。以苏教版二年级为例，上册教科书安排了53课时的教学内容，另外还安排了4课时的期末复习；下册教科书安排了50课时的教学内容，另外还安排了4课时的期末复习。完成教学内容合计需111节，理论上每学年还有29课时（约21%）的教学时间留作机动，以便教师自主安排教学，但实际上教学时间却非如此充裕。以2014年为例，发生在上学期间的节假日元旦、清明节、劳动节、端午节、中秋节等六个节日就放了8天，还有儿童特有的六一儿童节，大约要抵充9课时。剩下的20课时要包括学校的众多活动，以及作业讲评、单元质量检测及试卷讲评等。如此一算，课时确实很紧凑，容不得半点浪费。

其二，主观原因。许多教师都觉得教学时间紧、任务重，那就要用好每一节课的教学时间，这种讲效率的主观想法是对的，但在实践中却偏离了方向。相当一部分教师在教学中讲究"精讲多练"——要少讲，在目前大部分学校班级学生人数仍然是大班额，五六十人是较常见的，让学生多发言，授课任务就无法完成；要多练，多练是保证学生解题正确率的有效手段，于是每节课上巩固练习、提高练习、拓展练习等各种形式的习题令课堂时间安排得满满的。但课堂教学40分钟的时间是确定的，要多花时间多练，时间从哪儿来？只能挤压"讲"的时间，课堂上没有讲理时间，学生没空讲理的现象就自然而然地产生了。

正是以上两种原因，令教师们忙于抢时间、赶进度，课堂中对于让学生探究、发现、感悟与交流等这些比较"费时"的教学环节就被有意或无意地忽略了。教师对"精讲多练"的错误理解也加剧了这种矛盾，学生根本没时间、没机会去深思，自然也就无法理解和感受蕴含于数学知识背后的深层次的数学之"理"。对于客观存在的原因，我们教师无法改变，也没有能力改变，但我们可以改变自己的教学行为以解决问题，即向课堂40分钟要质量。在提倡"精讲多练"时，"精讲"要重视渗透数学之理，还要提倡"讲练结合"，练的形式也包含让学生动口、动手、动脑，充分进行表达、互动等活动，且练的目标是要有利于发展学生的数学思考，有利于学生领悟数学知识的内在的本质道理。

第三，缺乏方法指导，学生不知道怎么讲理。

数学是门科学，数学教学是门艺术。学生的讲理意识、能力的形成不可能一蹴而就，需要教师的精心指导与引领。在教学中，教师要善于促进学生间的对话交流，让更多的学生参与学习，使其在不断思辨、说理中引发再思考，逐步突破思维障碍，发现数学知识的本质。

如苏教版四年级上册《两、三位数除以两位数》的例1教学。例题从生活情境入手，首先教学几十除以几十（能整除）的口算，引导学生迁移原有的知识经验，自主探索口算方法，并理解算理；接着教学两、三位数除以几十商一位数的除法笔算，重点引导学生讨论商的书写位置。曾听到一位教师这样组织教学几十除以几十的口算教学：

（教师创设生活情境：王老师去文具店买了60副陆战棋，每20副打一包，一共要打几包？）

师：要解决这个问题应该怎么列式？

生：$60÷20=3$。

师：这样列式对吗？你们是怎样算的？

生：因为$20×3=60$，所以$60÷20=3$。

生：因为$6÷2=3$，所以$60÷20=3$。

师：真好，还会用不同方法计算！对他们的想法有什么疑问吗？

生：6÷2因为6与2的末尾没有0，结果等于3，但60÷20的60与20末尾都有0，商的末尾为什么不加0？

师：这个问题很好！谁能帮助他？

（好几个学生发言都没有抓住关键的算理，解释不清，甚至越说越乱。）

师：因为60表示6个十，20表示2个十，6个十里含有3个20，不是30个20，所以60÷20的结果是3，不是30。

从以上教学中可以看出，掌握除数是整十数的口算除法的算法不难，学生通过"看除法，想乘法"，或者"从表内乘法类推"都可以正确计算出结果。但在理解其中的算理时，却存在一定难度。而此时教师却蜻蜓点水般带过，先泛泛放手让学生自主发言帮助解决学生的疑问，在学生无法解决时，教师只好自己小结算理。计算的算法是显性的，算理是隐性的，学生在没有任何提示的情况下自主探究算理，他们不知道该说什么，可以说什么。且理解这种告知式的小结，仅凭头脑想象，是存在一定难度的。因此，在学生理解算理出现困难时，教师要适时给予方法指导，引导学生去探究算理。我们可以在黑板上粘贴60副陆战棋图片（如图1），明确60表示6个十，再启发学生"根据60÷20的意思，在图上圈一圈"。数形结合可以清晰、形象地将60里面含有3个20的算理表示出来（如图2），在理解与说理上自然就水到渠成

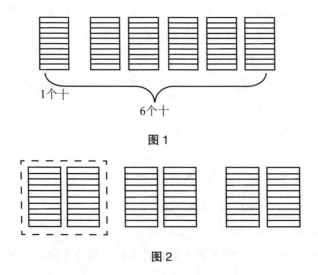

图1

图2

了。教师还可以再进一步追问：如果是600÷200，那结果又是几呢？以此让学生理解的算理得到巩固与迁移。算理的突破为算法的正确提供了思维方式，在知道"怎么做"的基础上，明白"为什么是这样"，这也为下一环节教学两、三位数除以几十商一位数的除法笔算时，理解商的书写位置打下扎实的认知伏笔。

第二讲 探求——数学需要什么样的课堂？

一、数学需要讲道理的课堂

数学本身就是一个讲道理的学科，其本身具有严谨的、条理清楚的、具有逻辑结构的知识实体，数学的推理和它的结论是无可争辩、毋庸置疑的。数学证明的精确性、确定性也是其道理体现的一个主要方面。郑毓信教授认为："优秀教师的特色不应局限于教学方法或模式，也应体现其对教学内容的深刻理解，反映他对学习和教学活动本质的深入思考。"数学课堂要立足以人为本，构建生本课堂，从提高教师自身的专业素养入手，确立"以学生为中心""以学生为主体"的观念，以学生的发展为价值追求，把课堂的时间、空间留给学生，满足不同学生的个性需求，实现人人发展的教育目标。

数学知识的本质呼唤讲道理的课堂

英国学者 P·欧内斯特（P. Ernest）说过："数学教学的问题并不在于寻找最好的教学方式，而在于明白数学是什么……如果不正视数学知识的本质问题，便解决不了教学上的争议。"数学知识本质既表现为隐藏在客观事物背后的数学知识、数学规律，又表现为隐藏在数学知识背后的本质属性。像其他知识一样，数学知识是人类创造的产物，是人类不断创造和发明的广阔领域，是不会终结的产物。这样动态的数学观对数学教育举足轻重，这就要求数学课堂要让学生明确知识之理，通过展示数学知识的美感，体现数学的价值，揭示数学知识的本质。

例如，教学人教版四年级下册《角的度量》一课，角的度量其知识本质就是度量，度量是将事物的属性量化，赋予事物一个"数"，从而可以在同一纬度上比较事物。"角"作为新的度量对象，虽然与长度、面积等有着明显的不同，但都是指被度量的物体里含有多少个基本度量单位。教学中要沟通学生已有关于度量长度、面积的方法与角的度量之间的联系，让学生在联系中讲道理。

课伊始，教师可以出示如下三种图形：

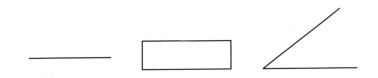

让学生说说，怎么度量线段的长度和长方形的面积。然后提供1分米的线段和1平方分米的正方形，让学生通过操作明晰：度量线段的长度就是看这条线段有几个1分米，度量长方形的面积就是看这个长方形有几个1平方分米。接着教师提问：如何度量角呢？学生立足已有度量的经验，提出要看这个角有几个角的单位，以此提出先要有角的度量单位才能进行度量。

1°角是度量角的基本单位，在认识1°后，教师提供5°、10°、30°角，让学生进行估角，并说明是怎么估的，从而明白"估角"就是看这个角里含有几个1°角或者几个10°角，这是利用度量的本源去思考如何量角，是量角方法的雏形。同时也让学生在量角之前就对这个角的度数范围有一个比较合理的预测，建立角的大小的空间观念，为后续量角作好铺垫。

学生发展的需要呼唤讲道理的课堂

新课程标准更加重视学生能力的培养和素养的提高，它指出"义务教育的数学教育必须面向所有的学生，为每一个学生的终身发展奠定基础"。学生学习数学，不仅仅是为了记住一些枯燥的数字和公式，而是为了运用公式去解决实际问题，从而提升学生的数学素养，促进学生全面和谐地发展。课堂上让学生讲道理，就是让学生参与数学知识的形成过程，关注数学知识的背景性知识，将问题的来龙去脉或困惑恰当地呈现在数学课堂上，从而培养学生言之有理、落笔有据地讲理和推理的思维习惯，培养学生紧扣问题本质解决问题的思维方式，提高学生发现和提出问题的能力、分析和解决问题的能力。

例如，教学人教版四年级下册《四边形的分类》一课，课伊始，教师出示一个信封，让学生自由猜测信封里的四边形可能是什么图形。当学生猜可能是正方形、长方形、菱形、梯形、平行四边形时，老师露出信封中图形的一个角（如下图）：

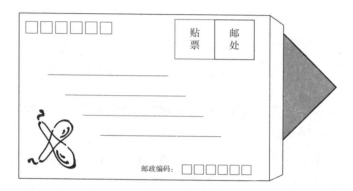

让学生观察，并再次猜测信封里可能装的是什么图形。学生从盲目地猜测，到认为要给提示才能猜中，思维已经开始走向缜密。当一些孩子提出要知道"有几组对边互相平行"这一条件时，让其阐述道理，说明为什么需要这个提示。可以看出，学生已经初步感知等腰梯形和平行四边形之间既有共同之处，又有本质区别。看似简单的猜测，背后却隐藏着丰富的思考。

当学生根据"两组对边互相平行的四边形是平行四边形"猜测信封中是平行四边形时，教师拿出的却是长方形。此时，学生又陷入了思维冲突中。教师适时抛出一个问题串："它是平行四边形吗？""为什么说它是特殊的平行四边形？特殊在哪？"在这一系列问题的引导下，学生通过讲理，明晰了为什么长方形是特殊的平行四边形这一道理。

继续猜图游戏时，教师提供的信息是"两组对边分别平行且四条边都相等"，当学生信心十足且激动地抢答是正方形时，教师拿出的却是菱形，学生都笑了。

我们可以将自己置身其中想想：假设自己作为学生，遇到这样的情境，有问题串作为思考的导向,将会收获什么呢?毫无疑问,在拥有了思考探索的空间后,充分经历了探究、思考、再探究、再思考……一浪接着一浪的思维冲击!通过这样的生"疑"追"理"巧妙地认识了菱形、正方形、长方形、平行四边形之间的关系。学生通过对教师、对他人、对自己、对教材的质疑,冷静地观照、审视数学知识,进而使得自己的思维走向深刻。

数学课程的教育观呼唤讲道理的课堂

数学课程标准提到数学教育就是要达到"人人都能获得良好的数学教育,不同的人在数学上得到不同的发展"。长期以来,我们习惯以应试教育来左右数学教学,在数学课堂中经常出现不求数学本质的理解,不问知识的来龙去脉,采用精讲多练、变式训练来掌握解题技能,缺乏对数学本质及思想真正的感悟的现象。讲道理的课堂摒弃教师"独白"式的教学方式,提倡尊重、平等交流的"对话"式教育,留给学生更多的课堂时间和思维的空间,最大限度地开启每一个学生的智慧潜能,为每个学生提供多样性的弹性发展空间,让学生从逐步"学会"到自己"会学",真正成为数学学习的主人。

二、构建讲道理的课堂教师该怎么做?

数学是一门讲道理的学科,其本身就存在着严谨的推理论证。数学教师必须明理,并通过有效的引导让学生明晰道理,把道理清晰地表达出来,也就是"明数理、知教理、行道理",才能让数学课堂更具生命力。

明数理

"明数理",简单地说,就是懂得数学。数学是一门研究现实世界中数量关系和空间形式的科学。从狭义来说,是蕴含在数学中的因果、逻辑,如小学数学中的数量关系、图形关系、随机关系,包括数学概念、定义、公式、定理、法则、规律等等;从广义来说,包括数学文化、数学素养、科学方法、理性精神等。具体地说,理解并整体把握小学数学,包括了解数学史、数学课程设计、数学的主线、数学的基本思想等，知道本课教学内容"是什么""什么样"，在内容领域和板块中的位置、意义、作用，与其他内容的从属和横向关系（纵横关系），对内容进行细化并明晰依照知识的逻辑性、系统性、连贯性的知识序，实现教学内容的新旧联系、从低到高、螺旋上升，以知识序确定教学序并确定教学目标、教学事件、形式方法、轻重详略，等等。

对数学教师来说，在教学中，不但要向学生展示既定的数学知识，还必须能够解释其中的道理：为什么要认识它？它是怎么产生的？也就是我们所说的数学知识之理，它涉及教师对数学专业知识的深入理解。在数学教育中，有许多话题反映教师数学专业知识对教好数学的重要性，如"教师必须具有所教学科的专业知识""教师不可能教他所不知道的知识"。

的确，数学知识是教师有效教学所需要的各种技能的依托，小学数学教师对于自己所教数学知识内容的掌握在很大程度上决定了他的教学效果，同样的数学内容，学生学到什么样的数学，取决于教师带进课堂中的对数学的理解。也就是说，数学教学的效果与小学数学教师的数学知识素养有着密切的关系，教师数学知识素养的缺失将会严重影响其教学质量。

为此，数学教师应该更深入准确地把握小学数学教学内容，以便高屋建瓴地指导小学数学教学。对概念、公式、定理等不能满足于形式上的理解，而要明白其来龙去脉、知识串联，既要重视其内涵，也要把握其外延；对数量之间或形体之间的逻辑关系要建立整体的认识，联通各知识之间的关系，正确把握数学知识之间的因果关系。

在一次关于教师专业知识的情况调查中，我们考察教师对加、减、乘、除、分数、周长与面积这几个概念的理解。可以看到多数教师虽然能得到"求几个连续加数的和的简便运算就是乘法""物体或平面图形一周的长度就是周长"等"正确的答案"，但是，很少能够对规则所含的数学意义给予解释，而且缺乏对知识点之间联系的认知。由于对数学知识理解的局限性，教师在教学时会传递给学生错误的理解，比如，课堂上我们经常会听到教师说"摸一摸长方形的周长""摸一摸桌子的面积"等语言，从这些语言里，我们可以看出教师不理解周长和面积是一个量，其长短和大小是用度量来体现这一本质属性。因为不明白知识之理，导致在教学中过多地强调规则运用，强调学生对规则的记忆，让学生记住的是周长和面积的公式，而不能给予学生深层次的理解。

又如，在对三类不同的应用题（如求一个数是一个数的几分之一；已知一个数求这个数的几分之几；已知一个数的几分之几，求这个数）的教学中，教师经常把三个知识点割裂教学，教学过程中强调单一的数学知识点，而没让学生把握这三个知识点之间的联系。其实，这三类应用题既有共性也有不同点，教师在教学中，应该将分数的概念统一到整个数的概念中，引导学生找到分数的位置，沟通分数和已有的认知结构的联系，在看似不同的数学现象中，建立起统摄性的数学模型，使得学生对数学知识有进一步的深刻理解。

知教理

"知教理"，就是掌握和运用教学方法。教学方法是教师在教学过程中，成功地把教学内容传授给学生，达到有效教学目标的一系列操作方法、程序和实施途径。教学方法的选择是决定教学效果和效率高低的一个重要因素。按教学方法的外部形态及学生认识活动的特点分类，教学方法一般可分为五类：一是以语言传递信息为主的教学方法，主要有讲授法、谈话法、讨论法和读书指导法等；二是以直接感知为主的教学方法，主要有演示法和参观法；三是以实际训练为主的教学方法，包括练习法、实验法和实习作业法；四是以欣赏活动为主的教学方法，即欣赏法；五是以引导探究为主的教学方法，主要是指发现法。任何一种教学方法都不是万能的，每一种教学方法都有其适用范围和局限性。对于教学方法，重要的是学会运用，针对不同教学内容，考虑到不同教学方法的优势和短处，选择最能发挥其作用，能够达到最佳教学效果的方法，综合使用多种教学方法，提高教学方法的效用。最重要的是，要用数学知识所承载的数学思维方法研究问题、发现问题，找到规律进行教学。小学数学教师应该具有深厚的学科功底、对教学方法有透彻的了解，根据学生、教学内容的需要和自己的特点选用能充分发挥自己优势的教学方法，自觉地实现教学方法的多样化。

教育是一门科学，也是一门艺术，教育是有规律的，了解知识本质、了解学生之后，我们要遵循教育规律来选择合适的教学方法。数学教学作为一种师生互动的活动，教师面对的是具有不同发展水平的学生，教学的性质决定了教师不仅自己要理解所教的知识，还需要按照学生的思维特点，以新的方式对学科知识重新组织，采用合理的教学方式进行教学。这就需要教师掌握教学法方面的理论与技巧，然后根据不同的教材和学情，采用不同的教学方式。一个优秀的教师应该能根据教学实际，结合自己的教育教学理念，采用合适的教学方法，以达到最佳的教学效果。

　　例如，教学《梯形面积》一课，有的教师选用讲解、演示等方法进行教学，教师先出示两个完全相同的梯形，通过讲解并操作演示，让学生明白两个完全相同的梯形可以拼成平行四边形，接着结合课件演示，让学生明白平行四边形的底就是梯形的上底和下底之和，平行四边形的高就是梯形的高。最后归纳总结出"梯形的面积 =（上底 + 下底）× 高 ÷2"的计算公式，然后让学生记住公式，并运用公式进行大量的计算梯形面积的练习。这一教学过程，运用讲解演示法，学生计算梯形的面积准确率非常高，大部分的学生能明白，两个完全相同的梯形能拼成一个平行四边形。这样的教学方式虽然同样能得出梯形的面积公式，但是学生缺乏主动探究的欲望，学生的思维被束缚住，缺乏创新。同样的教学内容，有的教师则选用探究、讨论、发现等方法进行教学，先给学生创设恰当的问题情境，激发学生充分利用自己已有的知识经验，采用平移、旋转、割补等方法，而不一定只用拼补的办法，把梯形转化为已经学过面积计算的平面图形，这个图形可以是平行四边形、三角形、长方形等，在此基础上通过合作交流，进一步总结出梯形面积的计算公式，并在计算中验证所总结出的计算公式。用这样的教学方法，学生能根据自己的认知经验，主动探究解决问题。因经历了自主思考、操作、讲理的过程，学生对梯形面积的体验和感悟更为深刻，他们收获的不仅是一个简单的公式，积累数学活动经验、提高解决问题的能力、提升数学思想等方面都有所得。

　　当然，教学方法并不是固定不变的，而是要随内容的不同而不同，因情境变化而变化，因教学对象的差异而调整，正所谓"教学有法，教无定法"。

行道理

"行道理"，就是遵循小学数学教学的道理开展小学数学课堂教学。课堂教学是知行合一的途径，教师是知行合一的主体，行道理就是知行合一的过程。行道理就是在教师明数理、知教理的基础上，带领学生学习小学数学。行道理的路线图是"教学设计—教学实践—教学反思"。教学设计是课堂教学的基础，教学实践是课堂教学的展开，教学反思是优化课堂教学的保证。行道理的核心是针对学生、适合学生进行教学。一要遵循从已知到未知、从感知到理解、从巩固到运用、从具体到抽象、从易到难、由简到繁、由近及远的认知序开展教学；二要分析学生，分层教学，以点带面，最大限度地实现人人都能获得良好的数学教育，不同的人在数学上得到不同的发展；三要把老师自己研究知识、研究问题的体会讲出来，让学生感受是如何提出问题、如何理解问题、如何研究问题的，引导学生去理解问题、思考问题，最终让学生也能够"想明白、说清楚"。

学生的数学学习是一个复杂的活动过程，除了原有的数学认知结构外，学生现有的思维水平与学习能力，无疑对其数学学习起着直接的作用，影响着数学知识与技能的掌握。小学数学教学面对的是儿童，由于小学生的知识和能力都处于初步发展阶段，思维的特点也是以形象思维为主，因此，抽象的数学知识对他们来说，是比较难理解的，这就要求教师在理解数学知识道理的基础上，还要全面、充分地了解学生的认知特点、认识规律等教学道理从而把握教学。

例如，在一年级学习《20以内的加减法》时，有学生会采用数手指头的方法来辅助计算，有的教师认为这个方法是不可取的，觉得该方法容易对学生的计算造成心理上的"手指依赖"，导致对数理分析的疏离，不利于培养学生的数感及抽象能力，应该从数学学习的起始阶段就严格按照数的组成和关系来开展计算教学。笔者认为，数学学科严密的逻辑性和高度的抽象性特点，以及小学生的年龄特征，决定了小学数学的学习比其他学科更需要感性材料的支撑，要充分运用感性材料的直观形象性去帮助学生理解学习内容。同样是20以内的加减法，有的学生可以离开具体的事物（手指头）根据算理进行运算，说明其思维具有较高的抽象水平；可有的学生思维的抽象发展较为缓慢，往往还离不开具体事物，所以要借助于手指进行计算。这里教师应该尊重不同学生的思维发展特点，不能一概而论，否则就会造成学生死记知识而不能正确理解掌握知识。

学生是学习的主人，他们的知识从根本上来讲不是教师教会的，而是主动建构的，因此教师在教学中"不能以主观的分析或者解释去替代学生真实的思维活动"。在教学中，许多教师在教学中经常会发出这样的感慨："这个知识这么简单，怎么就教不会呢？""这个题目都讲过好几遍了，怎么还这么多学生不懂呢？"诸如此类的困惑，究其原因，就在于教师常常立足于成人的角色，不自觉地把成人的认知规律当成儿童的认知规律，并没有站在学生的角度去思考（比如：学生学习这个知识已有认知是什么？新知学习的障碍是什么？学生错误的本质是什么？），而直接从成人的角度对学生的困惑和错误进行重复讲解。这样一来，不仅无法解决学生的认知困惑，反而让学生对知识的认知产生畏难情绪，从而失去了学习的兴趣。

第三讲　思索——数学教学需要哪些道理？

道理泛指理由、情理或事物的规律。数学道理又是指什么呢？从广义上说，数学学科的定理、法则、算理与教师的教以及学生数学学习中存在的原则、规律都属于数学道理。数学教学处处皆有道理，教学要做到有理可循、有理有据，才能让课堂焕发数学生命力。

那在日常的数学教学中，我们需要注重思考哪些道理呢？

一、知识呈现之理

数学知识严密、有序、系统，每个知识都需要借助合适的载体，以一定的方式呈现在大家面前。《义务教育数学课程标准》（2011年版）对教材编写建议："教材在呈现相应的教学内容与思想时，应根据学生的年龄特征与知识的积累，在遵循科学性的前提下，采用逐级递进、螺旋上升的原则。"如此呈现知识，体现了知识由浅入深、由易到难的渐进发展，也符合儿童由直观到抽象、简单到复杂的认知规律。教材是呈现数学知识的主要载体，教师在解读与使用时要深入解读，领会文本中蕴含的内在道理。

于编排主线中理清知识目标

根据螺旋上升的原则编排教学内容，数学各知识间存在一定的联系，不能"只见树木不见森林"，把握教学内容编排的主线，不仅有利于确定知识点应达成的课时目标，也便于科学地落实模块知识的教学目标。

如 2013 年苏教版教材对于"解决问题策略"单元的编排：

学习时间	"解决问题策略"内容
三年级上册	从已知条件出发分析问题
三年级下册	从所求问题出发分析问题
四年级上册	灵活运用从已知条件出发和从所求问题出发分析问题
四年级下册	画图
五年级上册	列举
五年级下册	转化
六年级上册	假设
六年级下册	选择和运用适当策略

从学习内容安排上，前三单元的学习形成一个小循环：三年级上册"从已知条件出发分析问题"，需要从条件入手，寻求解决问题的方法；三年级下册则引入干扰信息，需要从问题出发寻找有效信息分析问题；四年级上册创设条件信息较复杂的问题情境，可以从不同角度思考，既可以从已知条件出发，也可以从所求问题出发分析问题。而整体上八个单元又是一个大循环，各单元各有侧重，但又遥相呼应，重视各策略的彼此铺垫、互相渗透。如四年级上册学习"灵活运用从已知条件出发和从所求问题出发分析问题"，又结合学习列表整理信息；五年级上册学习"列举"，体会——列举策略的价值，掌握列举方法的过程中，又有意识地组织学生从已知条件或问题出发分析问题，用表格展示解题过程，用画图分析信息等。每次学习，都围绕一个核心策略，又重视合理使用其他策略进行辅助，渗透综合使用策略，灵活运用策略的意识，以期让学生在小学阶段树立"策略没有最好，贵在合适""策略选择要因人而异，因题而变"的意识，学会选择和运用适当的策略灵活地解决问题。

于分段编排中把握阶段要求

史宁中教授在解读课标时指出"螺旋上升"理论主要包括：一是学生数学思维水平发展的阶段性特征；二是人在认识一个对象时，总是遵循由表及里、由浅入深的过程，且后续学习总会影响对先前学习对象的认识。教材编排对知识的呈现逐级递进，在认知能力的深度、广度等方面都体现阶段性要求。

如苏教版分别在三年级下册与五年级上册安排"小数的初步认识"与"小数的意义"的内容，这两个阶段的认识小数相对应的认知水平要求是明显不同的："小数的初步认识"是结合具体情境直观地认识一位小数的含义，要引导学生在写小数、认小数的活动中逐渐体会，此时给学生的印象是小数是一种刚认识的新的数，即小数是小数；"小数的意义"也强调结合具体情境，但在认知水平上是要求在大量感性材料的支撑下，通过抽象与概括构建完善的小数概念，逐步理解小数的本质属性是分母为10、100、1000……的特殊分数，即小数是十进分数。

又如有关整数笔算乘法，分别在三年级上册、下册与四年级下册安排了"两、三位数乘一位数""两位数乘两位数"和"三位数乘两位数"的内容，其对算理与算法的要求侧重点应有所不同："两、三位数乘一位数"是笔算乘法的起始，不仅要知道怎么算（即算法），还要懂得为什么这样算（即算理），其中理解每一步计算的算理是本阶段学习的重中之重；"两位数乘两位数"坚持算理、算法并重，要探索两位数乘两位数的计算方法，结合具体情境，借助几何直观理解算理，其教学难点是解决乘的顺序和第二部分积的书写位置；"三位数乘两位数"是小学阶段整数乘法教学的最后一部分内容，属于总结课，其算理与两位数乘两位数笔算一脉相承，难度不大，其教学重点应在于组织学生经历探索三位数乘两位数笔算方法的过程，引导学生总结算法时，要注重算法的迁移，实现学习方法层面的提炼。

于递进例题中感悟数学本质

"螺旋上升"的课程还需要相应的循序渐进式的教学安排，精心设计教学环节，重视各环节知识间的衔接和发展，令知识呈现有序，思维训练由易到难、由浅及深。

如《长方形和正方形的面积》一课，苏教版安排在三年级下册学习，主要教学目标是引导学生通过拼摆、测量和简单推理等活动，自主探索长方形的面积公式，并类推出正方形的面积公式。为此，教材安排了三道例题：

例1：小组合作，用几个1平方厘米的正方形摆出3个不同的长方形，并填入表格中。本题的主要目的是让学生在动手拼摆、记录、观察中，初步体会长、宽的数量与所需小正方形的个数，以及小正方形的个数与拼成的长方形面积的关系，体会单位面积和面积的关系。

例2：用1平方厘米的正方形量两个大小不一的长方形。沿着长方形的长摆一排小正方形，再沿着长方形的宽摆一排小正方形，学生在实际测量的过程中明确：包含小正方形的个数决定长方形的面积大小，根据"每排的个数"和"排数"可以推算出相关长方形所包含的小正方形的个数，也就是长方形的面积。体会小正方形的行、列和长方形面积的关系。

例3：直接问长7厘米、宽2厘米的长方形的面积是多少平方厘米。引导学生联系此前的活动经验，脱离直观图片，在头脑中想象用1平方厘米的小正方形进行测量的过程，进一步明确长方形的长、宽与每行、列所摆的小正方形的个数的对应关系：长方形长7厘米意味着横着一排可以摆7个小正方形，宽2厘米，说明可以摆2行。这样就可以推理出，长方形的面积等于长与宽的乘积。

以上三道例题抓住求长方形的面积就是计算其含有几个单位面积的数学本质，安排了逐步渗透、操作感悟，并自主归纳的过程，帮助学生积累了探索知识的经验，也培养了初步的推理能力。

教材是实现课程目标、实施教学的重要资源，为教师组织教学活动提供了基本素材与组织线索。教师需要领会教材情境的编写意图才能发挥教材的最大教育价值，特别是教材创设教学情境中的细节也富有深意，学会聆听编者的话外之音是科学解读教材的关键。

如苏教版教材四年级上册安排了"简单周期现象"作为研究对象的探索规律专题活动，着重观察生活中物体有规律的排列现象，发现并描述排列规律，还要根据规律对后续排列"第几个是什么"作出判断。教材以"观察周期排列现象—深入研究周期规律—根据规律作出简单判断—回顾探索规律过程"为线索编写，都强调引导学生经历"举例—观察—猜想—验证—归纳与反思"的过程。在"回顾探索规律过程"环节，教材创设的教学情境如下：

编者安排以上蘑菇、辣椒、西红柿等水果卡通的对话情境,其意图不在于要让每个学生都说出这三种体会或者读读三句总结的话,而是向人们传递更为丰富的信息。卡通人物的对话仅仅是预设,提醒我们要重视培养学生在活动之后的回顾与反思,要培养学生回顾反思的意识,令学生从活泼、有趣的游戏里,静下心来,好好想一想,梳理活动的收获。本专题活动不仅仅是让学生学用除法计算的方法解决"按这样摆下去,左起的第几个是什么"这类问题,"深入研究周期规律"环节才是探索活动的重点所在。探索中要允许并创设机会让学生用不同的方式、方法描述所发现的规律,可以用语言表述、画图表示、实物演示等方法。学生在经历发现的过程中积累了活动经验,也掌握了探索的方法,并从中获得良好的情感体验。总之,"回顾探索规律过程"环节的核心是培养回顾、反思的意识,至于学生表达水平如何,没有太高要求,贵在学生会想、愿意表达。

二、知识本质之理

随着数学新课程改革的不断深入与发展,数学教育中的众多深层次问题也越发引起广大数学教育工作者的重视:"数学是什么?""数学来自哪里?""数学要到哪里?"即要理清数学知识的来龙与去脉。作为一名小学数学教师,应当对数学知识的产生、性质以及结构有所了解和掌握,理解数学知识的内涵,引领学生追溯数学知识的本源,让学生理解数学知识本质之理。

从知识的产生理解知识本质

数学知识包括数学概念和数学规则，而数学概念是数学知识的"细胞"，是学好数学知识的关键。学习数学概念就意味着掌握一类对象的本质属性。在小学数学中，很多概念都有丰富的形成过程，当我们的教学只是教数学"定义"时，其教学过程必然是知识模仿、记忆与强化训练，学生根本无法理解知识本质。只有让学生明晰知识产生的必要性，充分感知、体验知识的产生过程才能理解知识的本质，把握知识之间的本质联系。

例如，教学人教版三年级下册《小数的初步认识》，对于小数这一知识，许多教师都认为学生已有生活经验，不需要怎么教就会了，导致学生学习后仍对小数的认识不深刻，对小数的感觉也说不出个所以然来。课到最后，学生仍存在困惑："我们都学习了整数，为什么还要学习小数？""为什么0.1米就是1分米呢？"……

小数的产生在于计量的需要，人们在度量物体的过程中，总是把容易感知、经常接触的量作为合适的单位，如：一尺、一斤、一元等，然后依据十进制发展出比其更大的位值系统。可是，由于日常生活所需，还需要比"1"更小的计量单位，于是就有了尺以下的寸、分，斤以下的两、钱，元以下的角、分。

根据这一理解，我们在教学中应从实际测量活动入手，让学生在自主测量物体的时候，发现量得的长度会比整数米多一些或者少一些的度量情况，产生需要用新的数来表示的需求。这一过程，让学生于活动体验中，深刻感悟小数产生的必要性，明确在进行测量和计算时，往往不能正好得到整数的结果，这时就可以用分数或者小数来表示。

此外，小数的本质是十进制数，是对整数的延伸。这一本质教师不能简单地告知学生，而要联系生活中的货币、长度单位，借助米尺、人民币等实物，让学生根据已有的知识经验，借助米、分米、厘米和元、角、分的十进关系，来帮助理解小数的十进关系。这样一来学生经历了小数产生的过程，体验了小数知识产生的必要性，促进了学生对小数知识本质的深入理解，使知识学习深刻而有意义。

从知识的本源把握知识本质

数学来自哪里，呼唤着我们去追溯数学知识的本源。数学知识有着脉络明晰的逻辑起点，它不是一个个单独的个体，而是由无数的知识点串成的一个知识体系，但是在不同的知识点中，都能找到连接新旧知识的生长点。因此，我们应该而且必须引领儿童回溯知识的本源，究其根本，洞察数学知识的萌芽点、连接点和生长点。要立足知识的生长点，让学生在新旧知识的联系中，引发思考，联通新旧知识，从而把握知识本质。

如《角的度量》一课，追溯度量这一知识本源，就是所要度量的物体里含有多少个单位个体的数量。为此，度量角就是确立一个统一的单位作为标准，对所要度量的角进行比较，从而得到一个具体的"数"，这个"数"就是对角大小的一种描述。现实教学中，许多教师却总遇到这样的困惑：不管怎么教，依然会出现有一部分学生对用量角器量角这一技能无法正确掌握。有的教师甚至总结出"中心对顶点，零线对一边，再看另一边"的口诀，学生依然错误不断。深究其因，其实是没有把握度量的本源去引发学生深入思考。在度量这一知识体系中，学生已经学会度量长度、面积、时间等相关知识，教师要唤醒学生已有的认知，促其深入思考角的度量和已经学过的这些度量有什么相同点，从而发现：根据度量长度要有长度单位，度量面积要有面积单位，要度量角，也要有角的度量单位。有了角的度量单位，再用它来看看所要度量的角含有几个这样的单位，才能度量角的大小。明确度量本源后，教师让学生用脑海里所建立的1°角及10°角去估一估，所要度量的角大约几度。"估角"其实是让学生利用度量的本源去思考如何量角，是量角方法的雏形，同时也让学生在量角之前就对这个角的度数范围有一个比较合理的估计。教师还可结合量角的具体活动，让学生进一步感知角的度量和长度、面积的度量的本源是相同的，都要做到零刻度对齐，看终点指着几就是表示有多少个这样的计量单位。从知识的本源去把握度量的道理才能让学生更准确地掌握量角技能。

从规则的背后挖掘知识本质

在小学数学学习内容中，存在着大量的四则运算法则、定律、性质、公式等规则。数学规则是数学知识的重要组成部分，作为一名小学数学教师，对所教的最基础的数学知识，不仅必须从数学的视角切实知道它是什么，还要真正明白为什么，以明确其规定的合理性和必要性。

如教学《笔算除法》一课，计算法则提到"从高位除起，除到哪一位，商就写在哪一位"。对于这个"从高位除起"的法则，大家已经是达成共识的，认为依法则来教学即可，对这一法则并无产生质疑或者追问。可是，回顾之前的笔算学习，笔算加法、减法、乘法都是从低位算起，除法为什么却要从高位算起呢？这样的规定是何道理？笔算除法是否可以从低位算起呢？其实笔算除法不管从高位或者从低位算起都是可以的，可是从低位算起，如果碰到十位、百位等数位上的数不能一次性整除，需要两次或者多次计算，使得计算过程较为繁琐，如：

从高位算起，不能被整除的数，也就是余下来的数可以和下一数位上的数合起来一起计算，其计算过程较为简单明了，如：

这就是为什么笔算除法规定"从高位算起"背后的道理。这一教学过程，不仅让学生明理，也让学生感受到数学知识的简洁美，提升其数学学习的兴趣。

课程标准指出："在基本技能的教学中，不仅要使学生掌握技能操作的程序和步骤，还要使学生理解程序和步骤的道理。"计算教学除了以上案例所提及的体会计算法则的合理性之外，我们还要赋予其更为丰富的教学内涵，使每一节课都切实成为发展学生学科素养的平台。

例如，《小数乘整数》一课，在教学中，不仅要让学生明白如何进行计算，而且要让学生明白这样计算的道理。为让学生明晰算理，促进算法的形成，渗透感悟基本的数学思想方法，本课教师可以分三个层次逐层推进：

第一层次：激活经验，适时点拨。

知识建构的过程必须借助已有的知识经验与新的知识经验之间发生交互作用来完成，真实的学情往往隐藏在臆断背后。0.8×3的计算结果是许多学生已知的，但是对其计算的算理是懵懂的，课伊始，教师要立足学情，快速提出问题，让学生的思考直逼知识本质。引发学生根据已有的知识经验和生活经验，从不同角度来尝试说明0.8×3=2.4的道理，感悟小数乘整数可以先转化成整数进行计算，初步沟通小数乘整数和整数乘法的联系。

师：同学们，瞧：0.8×3等于多少？

生：2.4。

师：奇怪了，没教过你们怎么都知道，你们是怎么想的？

生：三八二十四，就是2.4。

师：0.8×3=2.4，为什么把小数点点在这里呢？你能用自己的方法来讲讲道理吗？

生：0.8×3是表示3个0.8相加，0.8+0.8+0.8=2.4。

师：对，根据乘法的意义，把新知转化为旧知，这是一种很好的解题策略。还有别的方法吗？

生：0.8元=8角，8×3=24（角），24角=2.4元。

师：利用人民币单位间的进率把0.8元看作8角，把新知转化成旧的知识来解答，用整数乘法算出结果。生活中除了购物的经验帮助我们讲清这个道理，还有吗？

生：0.8米=8分米，8×3=24（分米），24分米=2.4米。（师相应板书）

师：是的，1米=10分米，借助长度单位的进率也能把道理说清楚。

0.8×3等于多少？几乎所有的学生都能正确地说出答案。但至于为什么等于2.4，有的学生是结合乘法的意义通过加法来说明道理；有的是结合已有的生活经验来解释道理。教学中，教师不给具体情境，而是让学生根据算式，利用已有的知识和生活经验来说理。让学生围绕核心问题充分表达自己的想法，理清思路，也正是深入体悟算理算法的过程。

第二层次：数形结合，把握本质。

学生思维发展的规律是从直观形象思维向抽象逻辑思维发展的。计算教学既需要让学生在直观中理解算理，也需要让学生掌握抽象的法则，更需要让学生充分体验由算理直观化到算法抽象化之间的过渡和演变过程，从而达到对算理的深层理解和对算法的切实把握。教师借助学生的已有学习经验，把学生不易想到但又有益于学生发展的直观模型推荐给学生，让学生借直观图来说理，使算理的阐述更为清晰、准确，培养了学生的数学理解能力。

师：孩子们，除了运用生活经验来帮助我们讲道理，还有吗？

（出示小数加减法直观图的课件）

师：谁来说说之前咱们是用什么来帮助我们学习小数的加减法？（生：图形。）那0.8×3是不是也能用直观图来讲清道理呢？

生：能。

师：0.8×3怎么用画图来讲道理呢？同桌互相说一说。

（同桌交流，反馈。）

生：把一个图形平均分成10份，0.8就有8份，0.8×3就有这样的3个，就有24份。

生：0.8有8个0.1，有这样的3份，就有24个0.1，24个0.1就是2.4。

……

师：听明白了吗？你们也都是这么想的吗？让我们一起看看（播放课件），是这样的吗？好的，孩子们，这个道理其实咱们也可以用竖式把它表示出来。

师生：0.8表示8个0.1，8个0.1乘以3就是24个0.1，24个0.1就是2.4。（师边讲述边板书）

$$\begin{array}{r} 0.8 \\ \times\ 3 \\ \hline 2.4 \end{array} \begin{array}{l} \longrightarrow\ 8 个 0.1 \\ \\ \longrightarrow\ 24 个 0.1 \end{array}$$

师：现在你们明白2.4的这个小数点为什么要点在这儿的道理了吗？

生：因为它是24个0.1。

师：大家都看明白了其中的道理，那么孩子们，咱们还能不能举出像这样小数乘整数的例子？在自己的练习本上写一写，与同桌说一说。

生：0.5×7=3.5，我是这样想的，0.5表示5个0.1，5个0.1乘以7就是35个0.1，35个0.1就是3.5。

生：0.6×9=5.4，0.6表示6个0.1，6个0.1乘以9就是54个0.1，54个0.1就是5.4。

生：0.4×5=2.0，0.4表示4个0.1，4个0.1乘以5就是20个0.1，20个0.1就是2.0。

师：说得真好，孩子们，老师也来举个例子：2.16×4，这个算式与之前的算式有什么不同？

生：这个算式的小数是两位小数，前面的都是一位小数。

师：观察得很到位，那你们会算吗？试着在练习本上用竖式算一算。

（生独立完成，请一名学生板演。）

师：来和大家说说你是怎么算的。

生：我是先算6乘4等于24，写4进2，然后算1乘4等于4，4加2等于6，再算2乘4等于8，最后再点上小数点。

师：孩子们，听起来怎么这么熟悉？

生：和整数乘法一样。

师：是的，大家都是把2.16当成216来算，先算216×4，那结果怎么是8.64呢？

生：因为这里是216个0.01，结果就是864个0.01，也就是8.64。（师配合板书）

$$\begin{array}{r} 2.16 \\ \times4 \\ \hline 8.64 \end{array}$$ → 216个0.1

→ 864个0.1

师：我们已经完成了两道题，现在让我们一起回头看，对比这两道算式在计算过程中有什么相同的地方？

生：都是先把小数看成整数来算。

师：是的，举个例子，第一道算式是把它看成8乘3，第二道算式是把它看成216乘4，都是将小数乘整数转化成整数乘整数。

师：为什么0.8×3的积是一位小数，而2.16×4的积却是两位小数？

生：因为0.8是一位小数，2.16是两位小数。

生：因为2.4是表示24个0.1，而8.64是表示832个0.01。

师：太棒了，那根据这样的想法，你能给下面算式的积点上小数点吗？

2.8×43=1204　0.103×18=1854

（生独立完成，反馈。）

生：2.8×43的积是120.4，2.8表示28个0.1，积就是1204个0.1。

生：2.8是一位小数，积是一位小数。

生：0.103×18=的积是1.854，0.103是三位小数，积就是三位小数，是1.854。

师：通过刚才的计算和比较，你认为咱们今天所学的小数乘整数应该怎样算？同桌互相说一说。

生：小数乘整数是先把小数看作整数来算，再点上小数点。

生：小数乘整数跟整数乘法一样，看乘数中有几位小数，积也就是几位小数。

脱离具体情境，让学生用小数的意义来理解算理对他们来说是具有一定难度的。因此，教师利用学生已有的数学学习经验，让学生借助图形，于图形中理解数的意义，并借助数的意义说明算理。同时，通过让学生自主举例说理，促进学生进一步理解算理。

不管是小数乘法还是整数乘法的笔算，追溯其本源，都是求有几个这样的计数单位。本环节从笔算一位小数乘法迁移到笔算两位小数乘法，让学生在自主迁移中明晰：小数乘法的笔算和整数乘法的笔算，其算法是联通的，小数乘法需要再点上小数点是由其计数单位决定的。

第三层次：渗透思想，积累经验。

"基础知识贵在求联，基本技能贵在求变，基本思想贵在求通"，0.8乘以3学生不管是转化为几个相同小数连加，还是借助元、角、分之间的互换，都是将小数乘法"转化"为整数乘法计算，将新知识转化成学过的知识，用旧知推出新知。教师在教学中让学生经历自主探索小数乘法计算方法、理解算理和解释算法的过程，体会转化的数学思想，丰富学生的数学体验。

师：看来大家都掌握新本领了，那咱们来一场计算比赛，比一比谁算得又对又快！第一题：$8.4 \times 6 = （　　）$。

师：你是怎么算？

生：算 $84 \times 6 = 504$，然后点上小数点，是 50.4。

师：这两题，你能快算算出答案吗？说说你是怎么想的？

$$84 \times 0.6 = （　　） \quad 84 \times 0.06 = （　　）$$

师：猜猜这道题可能是什么？猜对了卡片送给你。

$$（　　） \times （　　） = 5.04$$

生：0.84×6，0.84 是两位小数，积就是 5.04。

师：太棒了，说得很有道理，还有吗？

生：$8.4 \times 0.6 = 5.04$。

生：$5.04 \times 1 = 5.04$。

师：他说的对吗？你们为什么没想到？

师：看来有时候，我们可以换个思路想问题。你们现在还能想到其他的算式吗？实际上还有很多，我们会在后面继续学习。

师：孩子们，还记得以前学 80×3 是怎么计算的吗？
生：8 个 10 乘以 3 等于 24 个 10。
师：想想，80×3 与 0.8×3 的计算道理是不是一样的呢？

计算技能的掌握需要一定的训练，但是训练中应该讲道理，让学生在理解的基础上，根据数的变化规律及算理，灵活地进行计算。教师从一位小数乘法笔算入手，通过变化因数，让学生经历从需要笔算到不笔算就能推理出积的过程，提升学生的运算能力。并在变式训练中，改变学生的惯性思考方式，提升数学思维的灵活性和创新性，让精彩与众不同。最后将 0.8 乘以 3 与 80 乘以 3 的算理进行对比，再次引发学生对乘法计算本质的深入思考，使学生对计算本质"都是求有多少个这样的计数单位"的认识更加系统化。

数学知识都是前人的创造，每个知识的背后都有着科学的、严谨的道理，这就是知识的本质，教师不仅要掌握知识本质，更要在课堂上留足时间，让学生去深入体会数学知识的本质，感受知识背后的道理，促进学生真正地把握知识、驾驭知识，从而推动数学课堂教学向纵深发展。

三、隐性知识之理

美国著名心理学家麦克利兰于 1973 年提出了一个著名的"素质冰山模型"，如果把数学知识看作一个"冰山模型"的话，那么显性知识是"冰山水面以上的部分"，只是冰山一角，在整个数学学习过程中起决定作用的是"冰山水面以下的部分"——隐性知识。思想的感悟和经验的积累是一种隐性的东西，但恰恰就是这些隐性的东西在很大程度上影响着人的思想方法。因此，教师在课堂教学中，不仅要让学生理解和把握显性知识，还要深入挖掘其背后的隐性知识，帮助学生积累基础活动经验，渗透数学基本思想。

在亲历体验中积累活动经验

数学活动经验不像"知识"那样"看得见、摸得着"，它是个体的体验和感受，是建立在人们的感觉基础上的，又是在活动过程中具体体现的，与形式化的数学知识相比，它没有明确的逻辑起点，也没有明显的逻辑结构，是动态的、隐性的和个性化的。它形成于学生的自我数学活动过程之中，伴随学生的数学学习而发展，反映了学生对数学的真实理解。在数学学习中，要使学生真正理解数学知识，感悟数学的理性精神，形成创新能力，在课堂中就应该让学生积极参与数学活动，积累丰富而有效的数学活动经验，这些经验包括检索、抽取数学信息的经验，选择和运用已有知识的经验，建立数学模型的经验，应用数学符号进行表达的经验，抽象化、形式化的经验，选择不同数学模型的经验，预测结论的经验，对有关结论进行证明的经验，调整、加工、完善数学模型的经验，对所得结果进行解释和说明的经验，巩固、记忆、应用所得知识的经验等。

例如，教学"1平方米"这个面积单位时，根据学生在生活中对这个面积单位已经有初步认知经验，所以开展如下教学：

师：凭你的"感觉"，你觉得1平方米大概有多大？

生：大概这么大（用手比画）。

生：我觉得像4张桌面那么大。

生：有地板2块瓷砖那么大。

……

（学生自由地发表自己的观点）

师：1平方米到底有多大呢？（出示1平方米的教具模型）

师：谁能用数学语言来说说这个模型？

生：边长为1米的正方形，它的面积就是1平方米。

师：同意他的观点吗？上来验证一下。

（学生合作测量边长，验证上一位学生的描述。）

师：你能找一找生活中哪些物体的面积大约是1平方米吗？

（学生举例吃饭餐桌的桌面、讲台桌的桌面、水磨石地面的一个大方砖等的面积约为1平方米。）

师：四人小组合作，围一围1平方米大约有多大。

（学生活动、反馈、说想法）

师：大家估计一下，黑板的面积大约有几平方米？

生：4平方米左右。

师：他估计的结果对不对呢？怎么验证？

（师生一起合作，用1平方米的教具测量，验证结果。）

基本的数学情感体验和数学活动经验都属于隐性知识，这种知识更多的是在活动中，让学生经历、意会、体验和感悟而得。只有个体充分参与和经历丰富的数学活动，才能积累足够的数学活动的原初体验和经验。在教学面积单位时，先让学生根据自己的生活经验初步"猜测"，然后提供具体模型让学生去估计、测量验证，到生活中去找1平方米的"影子"，最后在游戏中强化，从而逐步建立起"1平方米"的正确表象。猜测、估计、测量、游戏这一系列的活动其实就是一个典型的积累基本活动经验的过程，学生在回忆1平方米、说1平方米、找1平方米等多种活动中，通过多种感官的参与，经历建立面积单位的过程。这种原初体验和经验必然伴随着学生的价值观和情感，在获得相应的数学活动经验的同时，形成良好的基本数学情感体验，并不自觉地将这些情感体验和认知体验一同迁移并运用于后续新的度量单位的学习中。

于知识形成中渗透数学基本思想

小学生学习数学除了获得基本的知识技能，最重要的就是感悟和领悟数学中所蕴含的基本数学思想。数学的基本思想，是数学发展所依赖的核心思想，也是学生学习数学产生、发展过程中起支撑作用的思想。可以说，数学基本思想是数学课堂教学的核心与精髓，是数学课堂教学的"灵魂"。教学有三重境界：教之以"知"，教之以"法"，悟之以"智"。教之以"知"如授人以"鱼"，教之以"法"如授人以"渔"，此两者都不是教学的最高境界。教学的最高境界是在教给学生知识与方法的同时，注重数学基本思想的渗透，令学生悟之得"智"，真正变得聪慧起来。课堂上呈现的教学内容贯穿着两条主线。一条是明线，即教材里的数学概念、公式等数学知识。另一条是暗线，即隐含在数学知识体系中的数学基本思想。也就是说，在"有形"的数学知识里，必定蕴含着"无形"的数学思想。有形的数学概念、公式等知识容易引起教师们的重视，而无形的数学基本思想却隐含在数学知识体系里，呈隐蔽形式，很容易被教师们忽视。为此教师要研究教学内容，挖掘教学内容中所蕴含的数学基本思想，提高渗透数学基本思想的自觉性，从而促进学生数学素养的提升。

如教学人教版一年级上册《加法的认识》时，教师出示停车场的情景图，让学生寻找信息并提出问题，学生很快就知道了原来有5辆汽车，又开来了2辆，问停车场一共有多少辆汽车。接下来教师开展了如下的教学活动：

师：对，大家能不能用圆片代替小汽车，将这一过程摆一摆呢？

（教师指导学生摆圆片，并请一个学生将圆片摆在情境图的下面。）

师：（结合情境图和圆片说明）停车场原来有5辆汽车，开来了2辆，一共有7辆；先放5个圆片，再拿来2个，一共有7个圆片，都可以用哪个算式来表示？

生：（齐答）5+2=7。

师：那这里的5表示什么？2、7又表示什么呢？

生：……

师：同学们说得真好！生活中存在着许多这样的数学问题，找一找，你觉得5+2=7还可以表示什么呢？

生：家里有5瓶牛奶，爸爸又买了2瓶，一共有7瓶。

生：教室里有5个小朋友，又进来了2个，现在教室里有7个小朋友。

生：笔盒里有5支铅笔，笔盒外有2支铅笔，一共有7只铅笔。

……

师：为什么你们举的例子中，有的是在停车场，有的是在教室里，有的是牛奶，有的是铅笔，却都能用5+2=7这个算式来表示呢？

生：因为他们表示的意思都是一样的，都是表示5个和2个合起来一共有7个，所以都可以用5+2=7来表示。

生：算式真是太神奇了，一个算式能表示出那么多不同的事情。

从这个教学片段中我们可以看到，教师在教学中利用圆片摆算式，渗透数形结合思想，从而抽象出 5+2=7 这个数学模型。并通过"5+2=7 还可以表示什么"这个问题，让学生明白生活中不同的情景却都可以用同一个算式来表示的道理，渗透了初步的数学模型思想。而且这种渗透并不是简单、生硬地进行，而是结合低年级学生数学学习的特点，从具体、形象的实例开始，借助于操作加以内化和强化，再通过联想进行扩展和推广，赋予 5+2=7 更多的"模型"意义，帮助学生更好地掌握和深入理解所学的数学知识，数学思想得到了有效的渗透，以此激发学生对于数学学习的兴趣。

当然，隐性知识涉及的方面很多。数学文化、数学思维、数学态度、数学精神等也都属于数学隐性知识。教师在课堂教学中，应该以具体的数学知识为载体，带领学生共同领略、感受更多的数学隐性知识之美！

第四讲 策略——课堂该如何讲道理?

一、问题导向策略

课堂上要让学生讲理,教师就要提出恰当的导向问题。课堂问题如果太小,那么答案一呼既出,没有讲理的空间;课堂问题如果太泛,那么学生就会不知所云,不知如何讲理。所以,教师要立足学生的认知,以核心问题、好问题来引领课堂。纵观那些经典之课所用来导向的好问题,既能锁定学生的心理特点、学习经验及困惑点,又能统筹安排课程关系、师生关系、学习方式等诸多因素,还能不失时机地调动课堂学习氛围,创设认知冲突,激活学生思维。

首先我们可以从一节课的教学目标入手设计核心问题,以激发学生讲理的需求。

一堂课就像一个生命体,如何使它活力四射,从目标入手设计好问题至关重要。以讲理式的核心问题对教学内容进行整合,聚焦教学的重难点和关键,使教学环节丝丝相扣,和谐交融,发挥最大的教学效益。围绕目标,教师只设置核心问题,引导、点拨学生进行思考讨论。此时,教师就像一位放风筝的大师,借助手中的线把握教学大方向,让学生有时间、有空间进行个性飞舞,风筝不管飞得多高多远,教师都能应付自如地掌握着手中的线,让人觉得大有"任凭风浪起,稳坐钓鱼船"的大将风范。

比如《小数乘法》这节课的核心问题是"小学乘法和整数乘法的算理相同吗?"从知识结构上看,它起到纽带作用,沟通了整数乘法和小数乘法之间的联系；从认知角度上看，它较容易激发学生的求知欲和创造欲。在这个问题的引领下，学生借助具体的事物——人民币或者米尺，把小数转化成整数来计算。接着利用正方形的直观图进行讲理，明白了 0.3×8 这个算式中，先算 $3 \times 8 = 24$，这里的 24 表示的是 24 个 0.1。整个学习过程，让学生带着问题寻找算理，给学生提供创造发挥的空间，激发学生的学习兴趣，为数学课注入了思考的活力。

　　以问题激发学生讲理的心理需求之后，接着我们就要考虑怎样设计循序渐进的问题来促进学生像剥洋葱一样将道理一层一层讲清楚。

　　由问题引领的课堂教学，往往呈"版块式"结构，一个问题在课堂教学活动中能生成较长一段时间的交流活动过程，因为问题就是引话题，所以教学活动中师生之间、生生之间的互动对话特别精彩，带来了流畅的课堂节奏。而教师在备课中设计的几个层层递进式的大问题就是数学课堂教学版块之线索，既能科学有序地推进课堂教学进程，又能生动细腻地展现理性教师的课堂艺术魅力，还能融洽课堂气氛。

　　那么如何布设层层递进式的问题呢？一节课可以从多个角度多个问题入手，但要注意的是，如果问题太多、版块琐碎，犹如蜻蜓点水，学生就学得肤浅，因此一堂课的教学版块宜精而少。问题犹如在纷繁复杂中占据的一个制高点，教师要将教学内容筛选、整合、优化成层层递进式的问题，而这几个问题往往需要从入口小、覆盖面广、牵引度深的知识点入手布控，从而使课堂内容精练、高效。

　　例如在揣摩《近似数》这一课时，我布设了这样三个层层递进式的大问题：为什么要有近似数？为什么是四舍五入？怎么运用近似数？这三条大问题的预设已达成我这节课的教学效果，我以变式而富有挑战性之问的引领，让学生经历猜想、验证、交流的过程，发展数学思维，并获得良好的、积极的情感体验。

　　每个版块中师生之间、生生之间都进行了几多精彩的思维碰撞。

　　比如，版块二"为什么是四舍五入？"这段：

　　师：罗老师新买了一部摩托车，价格大约 8000 元。（出示四张反扣的卡片）猜猜看，准确价格可能是多少元？

生：可能是 8001、8002、7999……

师：还有吗？这个价格好猜吗？有没有好一点的办法？

生：可以先猜千位。

师：有条理的思考，很棒！千位可能是几？

生：7、8。

师：为什么不可能是 6、9？

生：因为它离 8000 太远了。

师：（出示数轴标出 7000、8000、9000 的位置，如下图）如果千位数是 7，那百位呢？

```
←———————|————————————|————————————|———————→
        7000         8000         9000
```

生：如果是 7 的话，百位可能是 0。（其他学生"啊"的一声炸开了）

生：百位应该是 9。

生：8 到 9。

生：5 到 9。

师：为什么？

生：如果是 0 的话，这个数就应该约等于 7000。

生：0 到 4 的话，近似数应该也是 7000。

生：因为摩托车价格是大约 8000 元，如果是 7040，就离 8000 太远了。

生：（依次在数轴上指出 7500、7600、7700、7800、7900 的位置）它们越来越接近 8000，（在数轴上指出 7400、7300、7200、7100 的位置）它们越来越接近 7000。

师：对了，数学是讲道理的，你们说出了为什么是四舍五入。

  如何把层层递进式的问题落实到教学中起到一石激起千层浪的作用呢？我们必须把握具体教学内容的本质和价值，紧扣核心来布设问题。所谓核心问题应是指一节课的中心问题，是指学生无法立即解决且又具备一定的探究和思考价值的问题。近似数是一个怎样的数？用"四舍五入法"求近似数时为什么要四舍五入呢？学生知其然而不知其所以然。看到一个近似数时，这个数代表的是怎样的一个区间？学生是模糊的，没有概念的。为了发展学生的数感，培养学生的数学探究精神，我布设了此问，并用认识数的最直观的工具——数轴，通过由数轴所反映出的数形之间的对应关系，引导学生观察数轴，激辩交流，引起冲突。通过学生之间、师生之间的辨析、讨论，拨云见日，掀开近似数的"面纱"。在引导学生层层说理的过程中，我们还需要注意的是所设的问题要促进学生深入讲理，考虑问题要深刻、有深度。

数学课堂教学是一个开放的动态过程，要求我们教师创设动态的课堂，就得从学生的思维深处挖掘问题，给学生创设轻松自如的讲理环境，进而形成自由的对话机制，让数学课堂充满生命活力，让学生在我们预设的思维维度中自由探索、发现、生成疑点，进而适时进行巧妙的点拨，使学生打开思维的通道，达到思维神经的最佳兴奋状态，使课堂呈现出生机勃勃、精彩纷呈的动态变化的新特点。那么，如何抓住学生思维活动的疑点进行点拨，从而构建动态生成的课堂，使学生对学习内容的内在道理理解得更为深入、深刻呢？

例如教学《三角形的分类》，在让学生解决"你是怎么给三角形分类的"这个大问题时，生生之间的互动状态是这样的：

生A：其实我是把它们按角来分类的，你们看，这两个都有一个钝角的分成一类，这三个都有一个直角的分成一类（这一类里有一个看似直角三角形，其实是锐角三角形），这两个既没有钝角又没有直角的分成一类。

师：有没有不明白的，需要提问的？赶紧向这位小老师提问。

生：左边的两个三角形好像是直角三角形？

生A：啊？有直角吗？没直角。

（生A在老师的提示下，把两个钝角三角形拿下去给女生看，并一起用三角板上的直角进行测量。）

师：有吗？可以了吗？

生：是钝角！

生：最后一组里有一个是等边三角形，而另一个不是等边三角形，为什么放在一起？

生A：我是按角来分类，不是按边来分类。

师：对了，分类是要按一个标准来分的。（点拨：分类的第一要素，要按一定的标准来分类。）

生：左边那一类三角形，既有钝角也有锐角，你为什么就按钝角来分呢？（学生生成的这个问题非常到位）

生A：因为这一类三角形里有独一无二的特征——有钝角，而另外两类没有钝角呀！

生：中间那一类的直角如果增加1°的话，能放在这一类吗？（这个问题又引领了学生们更深层的探究，这也是我之前点拨到位体现的效果。）

生A：如果增加1°或减少1°，就不能放在这里面了。

生B：你把中间那一类三角形拿下来给我看一看是不是直角三角形。

（生A把看似直角三角形的那个三角形夹在腋下藏起来，把剩下的两个直角三角形拿给生B看。）

生B：（看后）是！

生：（马上检举）他腋下还有一个。

（生A只好交出腋下的一个，大家都无法断定它是不是直角三角形。）

师：怎么办？（这个"怎么办"的点拨，引出了学生学习数学的态度——测量是检验真理的唯一标准。）

生A：用三角尺量一下。

师：对，用三角尺上的直角量一下。

（测量结果：那个看似直角三角形的三个角都是锐角，其实是锐角三角形。）

以上教学中抛出问题"你是怎么给三角形分类的"，激活学生思维，更关键的是给予学生展示自我与彼此对话的时空。在生生对话中，教师充当了主持人的角色，围绕问题，及时评价，适时点拨，引发学生讲理—质疑—再讲理—再质疑的思维互动。在这一过程中，学生的质疑往往出乎教师的意料，其精彩难以预约！但正是教师所提炼的问题给予学生去发现、去对话的机会，且在学生互动中，教师的角色定位比较到位，不是法官，而是参与者，学生经历了自我讲解与尝试说服他人的说理过程，"真理总是越辩越明"，对分类的思想与方法的理解得以进一步深化。

再如上《混合运算》一课时，我预设的其中一个大问题是："50－30÷2，这个算式我女儿她从左往右计算怎么就不行呢？"

学生的回答：

生：要先算除法。
生：要先算乘除后算加减。
师：你们是怎么知道的？
生：老师告诉的。
生：妈妈说的。

学生的思维活动出现了"结点"，所以我就进一步点拨，抛出打开结点的问题："应该怎么让我女儿明白先算除法是有道理的？"引出学生的思维活动。学生对照具体的购物经验，说出了为什么先算 30÷2 的道理。教师引导学生学会从"头"想问题。要求找回多少元，必须先求出用去多少钱，因此先要算 30÷2，求出一个的价钱。在本环节中，这个核心问题令学生俨然是一个个殚精竭虑帮助"我女儿"明白"先乘除后加减"这一运算法则的"小老师"。如此角色的转变，令学生不仅仅满足于知道怎么算，更要理清楚这样算的道理所在，长此以往，关注、训练学生思维深度必然不再是"雾里看花终隔一层"。

思维疑点的点拨，意在点明学生智慧之灯，拨动学生思维之弦，使学生疑窦顿开。数学概念的系统性很强，原始概念建立后，大多数新概念都是旧概念的发展和深化。但是，在探究活动过程中，学生往往不善于调动原有的知识储备，难以使认知结构发生同化和顺应，从而造成认知脱节、思维受阻，给新知识的学习设置了障碍。这时，教师就要利用旧知识进行点拨，架起"认知桥梁"，顺利实现认知结构的同化与顺应。适时、适宜的点拨将会收到"一石冲破水中天"的功效。适时，就是指教师要把握点拨的有利时机；适宜，就是指教师要选择点拨的有效方法。教师拥有这样的点拨智慧，才能充分调动学生的积极性与主动性，引导学生在愉快和谐的教学情境中主动求知、主动发展。我们要适时把握点拨的有利时机，点在学生探究迷途时，拨在学生思维困惑处。

数学以其饱满的思维含量被誉为"思维中的体操"。让学生主动参与，并能准确地表达思维过程，明晰数学道理，问题是根本，从问题溯源，一切道理水到渠成。教师要加强对问题的重视，充分发挥问题的导向作用，让学生在问题中寻理，在解决问题中明晰道理。

二、图形表征策略

图形表征就是借助图形将问题以图形的形式表示出来。图形表征策略在问题解决中起着相当大的作用，它可以使抽象的题变得形象，运用图形表征可轻巧地找到文字中未经解释的信息，促进问题的解决。

相信大家都有这样的生活经历：在向他人解释某些事情的来龙去脉、对错理由时，有时费尽口舌都难以达到预期效果，但拿起笔来涂涂画画，再配以话语解释，一下子就说明问题了。数学知识相对生涩、抽象，特别是小学生正处于由具体形象思维为主向抽象逻辑思维为主的过渡阶段，要理解高度抽象的数学内容，明白概念、定义、法则和公式背后更为"玄乎"的内在道理，对学生来讲很难，对教师来讲，如何启发引导也很难！应该借助形象直观的模型，在数学知识的抽象性和学生思维的形象性之间架起一座桥梁。

在数学教学中，借助恰当的形象直观的模型，有利于揭示数学对象的性质和关系。接下来我们将从三个方面来具体谈谈，如何运用图形表征策略帮助学生讲清道理、直观地理解数学。

首先，从洞悉概念本质的角度来看这个问题。

德国哲学家康德认为："缺乏概念的直观是空虚的，缺乏直观的概念是盲目的。"小学生形象思维占主导地位，对知识的理解应该建立在丰富典型的直观表象基础上，因此把教材中静止的、较难理解的概念，运用几何直观生动形象地呈现出来，使抽象的概念变成看得见的数学知识，有助于学生洞悉所学内容的本质。

如三年级《认识周长》一课。从概念本身来说，周长就是"封闭图形一周的长度"。研究"周长"，就是研究一个图形的"形"和"数"的问题。围绕图形一周的边线是一个空间概念，是周长概念中形的本质；图形一周边线的长度即周长，这是一个数量概念，是周长概念中量的本质。在教学中添加完整定义的描述，显然增加了认知的难度。如果不描述"封闭"，没有了和"开放"的对比，学生对周长的理解就不够清晰和到位。基于以上思考，借助几何直观，在活动中加深对关键词的理解和感悟，从而使学生对周长有更清晰的认识，是一条可取的途径。据此设计环节如下：

1. 初悟"一周"

师：今天我们要一起参观一场别开生面的昆虫运动会，想去吗？首先上场的是参加跑步比赛的4只小蚂蚁，哪位小裁判来宣布一下比赛规则？（播放比赛过程）

比赛规则：沿着树叶的边线跑一圈

师：谁是这场比赛的冠军？

生：2号蚂蚁，它最快！

生：我不同意，是1号蚂蚁，因为2号蚂蚁跑到树叶里面去了。

生：我也认为是1号蚂蚁，因为2号蚂蚁没有沿着树叶的边线跑。（学生都附和）

师：都同意是1号蚂蚁，没有选择3号和4号的理由是什么？

生：3号蚂蚁也没有沿着树叶的边线跑，4号蚂蚁没有跑完一圈。

（小结：只有1号蚂蚁遵守规则，沿着树叶的边线跑了一圈。这"一圈"在数学中我们称它为树叶的"一周"。师板书：一周。）

2. 线描"一周"

（生尝试在黑板上描树叶的一周，并说明是怎么描的，从哪儿开始，沿着什么描,最终又回到哪儿。)

师:还能从不同的起点开始也描出它的一周吗?同学们描出的有什么相同与不同?

(学生感受虽然描的起点不同,但都沿着树叶的边线描,最终回到起点,描出的都是这片树叶的一周。)

3. 找描"一周"

找一找生活中物体的表面的一周。

4. 比较"一周"

师:同样是物体表面的一周,有什么区别呢?

生:这一周有的长,有的短。

师:都有一定的长度。像这样书本封面一周边线的长度,就是书本封面的周长。

5. 辨析周长

师:你能指出下面图形一周的边线,并说说什么是它们的周长吗?

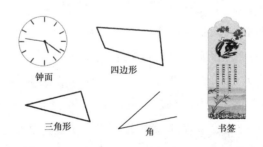

在教学中,让学生经历周长概念的形成过程是非常必要的。借助丰富的学习材料,从"实物操作"到"形象感知",再到"抽象概念",引导学生既动手实践——描边线,又通过语言表达——结合实例说周长。运用图形变式引导学生动脑思考,突出封闭图形这一特征。学生在层层推进的说理活动中充分体验,直观地认识到"周长只和图形的边线有关,和面无关""图形的周长就是图形各边线长度的累加",抓住了周长概念的本质。

由于学生受到知识经验、思维水平的影响和限制,在认识和理解抽象数学概念的过程中经常会遇到困难。在教学中教师要引导学生使用图形来直观表征数学问题，借助具体形象的操作活动，把抽象的知识具体化，关注基于图形的想象和图形之间的转换，培养学生的"动态想象"能力，帮助学生经由深入的探究学会用语言清晰表达深刻的体会。

我们再从描述计算原理的角度看看如何运用图形表征策略。

理解算理、掌握算法是计算教学的核心要素之一，理解算理是掌握算法的基础。在探究算理的过程中，教师要化静为动，通过画一画、摆一摆等形式来直观表征思维过程，能够帮助学生打开思维的大门，突破数学理解上的难点。

例如《除数是整十数的口算除法》一课，在教学例题1"有80面彩旗，每班分20面，可以分给几个班"时，学生容易出现80÷20=40这样的错误。究其原因，一是受已有整十数加减法的数位对齐惯性思维的影响，由80-20=60迁移到80÷20=40；二是对算理不理解，8÷2=4，为什么80÷20也等于4呢？对于这一抽象的数学算式，学生无法用自己的逻辑思维进行合理的推算。要帮助学生理解口算的算理，就要让学生经历算理的形成过程，让学生自主操作，感悟算理。此时，教师可以借助小棒，让学生自主操作，80根小棒代表的是80面红旗，每20根分一份，学生在分的过程中，发现一根一根数很麻烦，就会自发地把80根小棒捆成8捆，这一捆，就明白了80表示8个十，再每2捆分一份，也就是20根为一份，分成了4份。学生从而明白，8÷2可以表示8捆小棒，每2捆分一份，可以分成4份。而每捆小棒有10根，其实也就是表示8个十，每2个十分一份，分成了4份，从而得出80÷20=4的道理。在探究算理的过程中，化"静"的数学思考为"动"的操作过程，借助"动"的生动和直观，有效地阐明了抽象的计算原理，让学生的学习清晰、深刻。

运用图形表征与想象、逻辑、推理也是分不开的。它不仅仅关注看到了什么，也关注通过看到的图形思考到了什么，想象到了什么。这是数学非常重要而有价值的思维方式。图形表征策略是作为数学思考的一种方式提出的，其更深远的价值在于"帮助学生直观地理解数学"，运用这些基本图形有助于发现、描述问题，有助于探索、发现解决问题的思路，帮助我们把困难的数学问题变得容易，把抽象的数学问题变得形象具体。教师可以充分发挥图形的直观优势，帮助学生在说理操作中感悟其应用价值。

例如有这样一道数学题：一个长方形的长是10厘米，减去一个最大的正方形后，剩下的小长方形的周长是多少厘米？

此题一抛出，质疑声此起彼伏："老师，长方形的宽都不知道，怎么求呀？"此时教师可以适当引领：长方形的宽是多少没有告诉我们，要解决这个问题你会怎么想？引导学生根据自己的实践情况，采用假设、直接观察分析、请老师帮助等办法解决问题。完成解题后让学生展示他们用不同的策略得到的解决方法，引导学生利用示意图（如下图）推测：剩下的周长是20厘米。

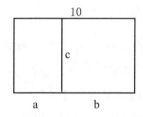

而后学生举例画图宽可能是1～9厘米，发现当宽是1厘米时，剩下的周长是20厘米，假设宽是2厘米，剩下的周长也是20厘米，宽是9厘米时结果仍然相同。通过举例，得出周长均为20厘米这一结果（或此时只能称之为猜想），但是这又是为什么呢？这里又隐藏着什么道理呢？此时再回到示意图观察、对比，发现：不管宽是多少，剩下的小长方形的a边是原来10厘米的一部分，而另一条边c即剪去的正方形的边长，那c边就一定与b边相同，那a+c的和就一定等于10厘米，也就是说剩下的周长总是20厘米。

由此我们可以知道，有时在学习数学时，通过举例，经过不完全归纳推理可以得出一些数学猜想，而其内在的数学道理，往往需要借助"形"来帮助理解，教师在数学课堂教学中要善于引导学生用图形解释、理解、分析、记忆数学问题。

教师在培养学生利用图形直观描述与分析问题的意识和能力时，要关注学生运用图形直观表征问题的过程，以及表征之后的反思与顿悟。没有反思和顿悟，学生可能获得了方法，却未必真正获得解决问题的能力，难以形成与之相应的数学思维模式。站在这个角度看，图形表征策略虽然是借助图形展开思维活动，但明显超越了图形，因此直观思维才是它的核心和重点。

三、唤醒经验策略

杜威的经验性学习理论强调，教育必须建立在经验的基础上，教育就是经验的生成和改造，学生从经验中产生问题，而问题又可以激发他们运用、探索知识产生新概念。学生已有的经验包含哪些？怎样唤醒已有的经验来帮助学生探究新知、感悟道理呢？

学生已有的经验包括哪些？

按《现代汉语词典》的解释，"经验"具有两个方面的含义：一是指由实践得来的知识与技能；二是经历。孙宏安教授在概括了关于经验各方面的解释后给出如下定义："经验指的就是个人所获得的感性知识，及在感性知识基础上，经过自己系统整理和由实践反复检验了的科学知识，以及个人经历对个人身心发展产生的影响。"

学生在进课堂之前并不是一张白纸，对许多事物都积累了或多或少或直接或间接的经验。学生的已有经验除了已有的知识储备（也就是属于学生自己的、已经被内化的数学知识）外，还包括学生的学习态度与习惯、生活经验与思维方式、年龄特征与生理特征、认知水平与心理水平等。通俗地讲，就是学生已经知道了些什么数学知识，对数学技能掌握的程度如何，是如何获取这些知识与技能的，前面的学习过程是怎么样的，学生喜欢什么样的课堂教学模式等等。

教师在设计教学流程、确定教学目标与重难点时要先考虑学生已有的知识经验、生活经验、操作经验和活动经验等。这既是教师组织课堂教学的重要依据之一，也是教师有效调控课堂教学节奏、实现有效教学的前提与基础。

在数学课堂中，如何唤醒学生已有的经验"讲道理"？

首先，源于学生已有的生活经验，在明辨生活事理中生长新知。

荷兰数学家和数学教育家弗赖登塔尔曾经提出"普通常识的数学"的观点，他认为数学的根源在于普通常识，对于小学生来说，小学数学知识并不是新知识，在一定程度上是一种旧知识，在他们的生活中已经有许多数学知识体验，学校数学学习是他们生活中有关数学现象的总结与升华，每一个学生都从他们的现实数学世界出发，与教材内容发生交互作用，建构他们自己的数学知识。

例如《近似数》，课始：

师：咱们班有多少同学？

生：46个。

师：谁知道咱们学校有多少个学生？

生：大约1800个。

师：谁听懂他的意思了？

生：大约1800个，离1800很近。

生：差不多1800个。

生：有可能是1800多几个，也可能是1800少几个。

师：1800是个什么数？

生：近似数。

师：46呢？

生：准确数。

师：请你举几个近似数和准确数的例子。

在交流中发现，学生都能理解班级的学生数46人是准确数，而学校的学生数大约1800人是一个近似数。此时，我抛出一个问题："一个成年人的头发有10万根左右，这10万是近似数吧？想一想，这里为什么要用近似数来表示呢？"初始，学生都愣了，他们不认为用近似数来表示还需要原因。稍作思考后，学生开始了精彩的讲道理过程：

生：因为这个数无法确定，所以只能用近似数表示。

生：每个成年人头发的根数肯定不一样，有可能比 10 万多，有可能比 10 万少。

生：我觉得人的头发每天都可能会掉，也可能会长，每天都不一样，所以只能说 10 万根左右。

生：头发根数那么多，每个人的头发都不一样，没必要也没办法每个人都去数，所以只能用近似数来表示。

学生在第一学段时已经初步认识简单的近似数，且随着年龄增长，日常生活里也逐渐积累了较丰富的有关近似数的生活经验，教师以身边的数据——班级以及学校的学生数这个话题导入，在看似随意的师生闲聊中，自然唤醒学生原有的对近似数的认知经验。而精心选择"为什么要用近似数来表示成年人的头发数量"这个问题，引发了学生的有效思考，使其进一步领会近似数的意义。从学生的对话中，我们可以看出，学生对为什么要用近似数的认识在逐步地深入，从理所当然地认为近似数就存在，到通过分析、说理，发现实际生活中因为测量或计算某些事物无法得到一个精确值，或没有必要一定要用精确值表示，所以可以用近似数。这样，学生对近似数的认识不是仅仅停留在表面的文字表述上，而是借助生活经验进行分析，挖掘近似数产生的缘由，从而进一步理解近似数的意义。

像这样唤醒学生日常生活经验，为培养学生获取新知识的能力、分析与解决问题的能力以及交流与合作的能力提供载体的例子还有很多。例如，在学习"体积"时，从学生们都耳熟能详的寓言故事《乌鸦喝水》引入，讨论乌鸦能喝到水的道理，再观察在装水容器中加入石块后水面的变化，进一步思考水面前后变化的内在原因。学生们在结合虚拟故事情境和直观操作实验中观察、思考、表达，思路也逐步变得开阔，对"物体所占空间的大小"如此抽象的概念自然而然有了直观个性的理解。

此外，许多教师教学法则、定律，当学生提出"为什么是这样的"时，常以"这是数学规定的"一语带过，结果导致学生在今后学习类似知识时，不再质疑，只迷信于"权威"，迷信于"规定"。教师要善于依托学生已有的认知基础，以恰当的问题激发学生思辨，在探究"规定"背后的内在道理中发展思维，发展认知。

如《混合运算》一课的教学：

师：昨天和我女儿一起逛街，看到商店有"阿狸"。你们喜欢吗？

师：从图中你们了解到哪些信息？

生：一对"阿狸"30元。

师：既然喜欢，我就给了女儿50元让她买一个。付款、找钱后，她很纠结，她觉得售货员阿姨好像找错钱了，只要找她10元就够了。你们觉得呢？

生：不对呀，买一对都会找回20元，买一个应该找回更多。

生：一个的价钱是30除以2等于15元，应该找回35元。

师：你们能列个综合算式表示吗？

生：$50-30÷2$。

师：可是她怎么算出等于10元呢？同桌一起想一想。

生：她先用50减去30等于20，然后再用20除以2等于10。

生：她是从左往右计算的。

师：你们有计算过从左往右的综合算式吧，谁来举例说说。

生：$50-30+2$。

生：$20×5-30$。

生：$30÷6-5$。

……

师：但是这个算式从左往右计算怎么就不行呢？

生：要先算除法。

生：要先算乘除后算加减。

师：你们是怎么知道的？

生：老师告诉的。

生：妈妈说的。

师：你们在二年级时就已经知道了，但现在是四年级，四年级的同学是会讲道理的。应该要怎么让我女儿明白先算除法是有道理的？同桌先商量商量。

根据孩子已有的学习基础与生活经验，大部分学生都已懵懂知道"先乘除后加减"的计算法则，本课学习内容对学生来说已经不是全新的内容。教师面临的问题是如何在学生看似"已经会"的情况下，借助50-30÷2"从左往右计算怎么就不行"这个说理平台，让学生静下心来探究法则背后的数学道理。学生在具体的购物情境中，利用已有的知识经验结合具体情境来理解"为什么要先乘除后加减"，让学生从算理层面理解算法，在为他人释疑、解惑的过程中，挖掘数学的本质内涵，这样学生对算法的掌握才不再是简单的模仿、机械的套用，而是理解后的应用。

现代学习强调理解性学习，充分关注认知的过程。理想的数学理解状态就是学生将最新获得的概念、规则等融入自身已有的认知结构中去，在新知的各种表征、意义同头脑中原有的一些数学知识经验之间自然地建立起联结通道。这样的数学理解将是深刻的，所获得的知识技能也会是灵活的，便于提取和应用。因而，我们应注重追求数学理解性的学习，帮助学生建立新旧知识之间的意义联结。

例如《小数加减法》一课的教学：

师：听说有种红包不是装在红包里的，还得是靠抢的？（生：是微信红包。）

师：我女儿收到了两个微信红包，我们一起帮她拆开看看，大家一起喊：开！（课件演示拆红包）135元，再拆一个，54元。算算一共多少钱？（学生说算式，教师在黑板上板书出竖式。）

$$\begin{array}{r} 135 \\ +54 \\ \hline 189 \end{array}$$

师：老师也收到了不少红包，大家一起来帮我拆开它，开！（1.35元）太少了！再开一个？开！5.4元，老师一共收到了多少钱？怎样列式？

1.35+5.4=？你会算吗？会列竖式算吗？试试！

（生尝试列式，个别板演，师巡视。）

$$\begin{array}{r} 1.35 \\ +5.4 \\ \hline 6.75 \end{array}$$

师：为什么左边的竖式把 5 和 4 对齐了，而右边的竖式 5 和 4 不对齐？

生：左边竖式的 5 加 4 表示 5 元加 4 元，右边竖式的 5 表示 5 分，4 表示 4 角，5 分和 4 角不能相加，只能是 3 角加 4 角。

生：右边竖式的 3 只能和 4 对齐，5 表示 5 分就没有数字可对齐了。

师：谁明白他们的意思？

生：意思就是要几元加几元，几角加几角，几分加几分。

师：为什么呢？

生：单位一样才能相加。

师：说得好，继续说完整。

（生说计算过程，师课件演示相同人民币单位相加的过程。）

$$\begin{array}{r} 1元\ 3角\ 5分 \\ +5元\ 4角 \\ \hline 6元\ 7角\ 5分 \end{array}$$

师：刚才同学们用人民币单位元角分相加来讲道理，那对比这两道算式，你们有什么道理要对大家说？

生：左边的竖式是个位和个位对齐，十位和十位对齐，百位和百位对齐，右边的竖式是十分位对齐。

师：谁明白他的意思？

生：他的意思就是要把相同的数位对齐。

生：因为左边的是整数加法，只要个位对齐就可以了，右边的是小数加法，要把小数点对齐。

师：为什么要把小数点对齐呢？

生：小数点对齐就能把十分位和十分位对齐，百分位和百分位对齐。

师：为什么要把十分位和十分位对齐，百分位和百分位对齐？

生：十分位上是3个0.1和4个0.1相加，不能和百分位上的5个0.01相加。

（生完整表述各个数位上的数相加的过程，师用课件配合演示。）

```
      十  百
   个 分  分
   位 位  位
   1. 3  5
+  5. 4
───────────
   6. 7  5
```

师：不管用人民币的例子来解释，还是用计数器上的数位来解释，都要注意什么呢？

生：……

师：要把相同数位上的数相加。（板书）

师：现在回过头看看这两个竖式，你有什么发现？

（小结：不管是整数加法还是小数加法，都要把相同数位上的数相加。只不过整数加法表现为末位对齐，而小数加法表现为小数点对齐。）

在学习这部分知识之前，学生已经掌握了整数加减法的运算方法，小数的运算与整数的运算是紧密联系的。本环节利用"135+54"（不同位数的整数相加）与"1.35+5.4"（不同位数的小数相加）形成对比，将已有的知识经验——整数加法要把"相同数位上的数相加"迁移至小数加法，用类比的方法凸显"相同单位"相加的道理。同时，利用两个竖式在形式上的差异，让学生在矛盾辨析中理解小数加减法的道理：小数点对齐，相同数位就对齐了，相同计数单位就对齐了，相同数位上的数也就能相加减了，而不必考虑小数的末位是不是一定对齐。在师生交流中，教师用四个"为什么"将学生的思维从具体引向抽象，让学生在说理中比较，在比较中凸显对"相同单位"的认识，形成对"小数点对齐"的计算规则的深刻理解，逐步建立理解竖式计算的表象支撑，从而从直观形象上的加法上升到抽象的符号加法。这样唤醒原有的认知经验，与新知对接，通过比较、沟通、思考、内化，更加深刻地理解了小数加法的真正内涵。

"水有源，故其流不穷；木有根，故其生不穷。"学生有了经验，自然就有了教育的空间与可能性，教师要激活、利用、调整、提升经验，让学生在已有经验的基础上主动建构，让学生将发现的一个个知识"点"连接成"串"、形成知识"链"，进而构成牢固的知识"网"。在探究中，鼓励学生链接已有经验，给学生充足的时间，让学生通过"讲道理"去体会数学知识的本质，用已知的认识和经验来研究、解决未知的、模糊的知识，促使学生真正地把握知识、驾驭知识，从而推动数学课堂教学向纵深发展。

四、错例辨析策略

错例辨析策略，是指教师利用学生的易错点或在学习中出现的错误，引导学生进行有效的辨别分析，从而达到纠正错误、明白道理、习得新知的目的。

皮亚杰说过："学习是一个不断犯错误的过程，同时又是一个不断通过反复思考导致错误的缘由并逐渐消除错误的过程。"由此可见，小学生在平时的数学学习中，或因概念混淆，或因知识建构不完整，或因定势思维的干扰，发生错误不可避免。对于这些现象，教师应认真分析错误原因，追根溯源了解知识盲点，引领学生一起辨析，则可达到充分利用错题资源价值，让学生从错题中明白道理，实现知识的再学习，思想方法的再应用。

新课标倡导：学生要能在他人的指导下，发现数学活动中的错误并及时改正。同时要具有对不懂的地方或不同的观点提出疑问的意识，并愿意对数学问题进行讨论，发现错误能及时改正。但是凡事都有正、反两面，教师使用错例来辨析道理也一样，用得好，能发挥"奇兵"作用，效果出乎想象；用得差，就可能白费功夫，甚至弄巧成拙。所以，下面我们就很有必要来说一说利用错例来辨析道理的具体方法与途径。

方法一：利用学生的思维盲点，将数学知识的核心道理曝光在聚光灯下。

"思维的盲点",也就是"思维的空白点"。学生在复习旧知识或面对新的知识时往往不能将已学过的知识及积累的经验,经迁移、转换进而发散到更广泛的数学情境中去,从而导致一些思维盲点的产生。

教师在教学中,应深入解读教材,解读学情,适当利用前测,或者基于以往的教学经验,整合学生共同的认知错误,了解学生在数学概念上的模糊认知,利用其思维盲点,运用错例教学引导学生发现并反思、感悟核心道理,做到最大限度地挖掘错误的教育价值。

以《两位数乘一位数》一课的导入为例:

师:昨天老师请大家做了一道13×2的竖式计算,大家观察班上一些小朋友的答案发现了什么?同桌小声交流交流!

$$
\begin{array}{r} 13 \\ \times\ 2 \\ \hline 16 \\ ① \end{array}
\qquad
\begin{array}{r} 13 \\ \times\ 2 \\ \hline 6 \\ +20 \\ \hline 26 \\ ② \end{array}
\qquad
\begin{array}{r} 13 \\ \times\ 2 \\ \hline 26 \\ ③ \end{array}
$$

生:①②是错的,③是对的。

生:①是错的,②③是对的。

师:看来对于②大家意见不统一,不着急,咱们先打个问号。现在看①,它错在哪?为什么错?

生:它先算3×2=6,1也要乘2,但是它没有乘。

师:过去咱们在做加法竖式的时候,比如13+2,都是先算3+2=5,再把1抄下来。今天乘法咱们先算3×2,再把1抄下来,怎么就是错的呢?

生:13×2是2个13相加,13+13=26。

……

建构主义认为,学习不仅仅是知识的传递,而且是学习者建构自己的知识经验的过程，这种建构是通过新旧经验之间的双向的、反复的相互作用而实现的。学生知识建构是否完整，会影响后续知识的学习，知识建构的不完整性往往会导致学生学习的错误。上述例子中竖式①很显然是受加法竖式的干扰而造成的一种典型性错误，而大部分答案正确的学生却讲不出笔算竖式的道理，也就是说在得出两种典型答案的学生当中存在着相同的思维盲点，即十位上的"1"乘以个位上的"2"的道理，而这恰恰是本节课的问题的本质和知识的核心。

如何让学生直面这样的盲点？如何揭开这些模糊认知的面纱？以上课例中，教师有效地抓住了学生的错误，利用了学生思维的盲点，从学生的典型的三个竖式入手，开门见山地切入课堂教学，让学生能够更加迅速有效地触摸到知识的关键。当大部分学生看到答案，迫不及待地喊出"①是错的"，教师一句"错在哪？为什么错？"犹如惊问，激起千层浪。接着，通过思考、质疑、追问、辨析，学生的思维一下子聚焦到问题的本质上：为什么十位上的"1"也要再乘个位上的"2"？

因此，教师能够准确地利用思维盲点，以"错"明"真"，欲"正"先"反"，以"反"求"正"，对聚焦核心道理还是具备了一定的冲击力。

方法二：不回避课堂中学生的错误，将错误变成吸引学生讲理、辨理的"话题"，让学生在争辩中一点一点地将正确的道理刻到心中。

当课堂上学生对某些知识点疑惑不解时，难免会有一些意想不到的错误。认知心理学派认为，任何人在学习中都不可避免地会产生错误，这往往是教学中稍纵即逝的生成性资源。

课堂中，有的错误具有代表性、典型性，解决了它，好比攻克了认知上的碉堡。教师在此时如果能够有效处理，利用得当，使学生在启发中激活思维，理解道理，则可达到事半功倍之效。

以《三角形的分类》的教学片段为例：

师：信封里接下来的三角形的三个角有可能分别是什么角？
生：可能是一个直角、两个锐角。
生：可能是一个钝角、两个锐角。

生：可能是三个都是锐角。

师：这些三角形黑板上都有了，还有呢？

生：可能是一个直角、一个钝角、一个锐角。

师：好，大家闭上眼睛想象一下这个三角形是什么样子，黑板上有这样的三角形吗？

生：没有。

师：赶紧画出一个补上去，好吗？

（请猜想的同学上黑板画，其他同学也都在练习本上画，画着画着，有同学停下来了。）

生：这个三角形是不可能画出来的，因为不成立，一个三角形的三个角里要么有一个钝角，要么有一个直角，同一个三角形里不可能既有钝角又有直角。

师：你画出来了吗？

生：如果画的话就是这样子了（如下图），这不是一个三角形了，所以不可能直角、钝角同时出现在一个三角形里。

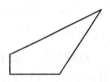

生：是另外的图形，不是三角形了。

生：一个三角形三个角的度数加在一起是180°，一个直角是90°，一个钝角起码有91°，加在一起是181°，所以它不再是三角形了。

师：他用三角形的内角和来解释，不存在一个直角、一个钝角、一个锐角的三角形，太棒了！

师：只有黑板上的这三种情况，还有第四种吗？

生：没有。

师：把所有的三角形看作一个整体的话，可以分成几类？

生：三类。

师：除了这三类，还有吗？

生：没有。只能分成三类。

本课例中，教师面对学生"三角形的三个角可能是一个直角、一个钝角、一个锐角"的错误时，放慢脚步，将错就错，因势利导，让学生闭眼想象并动手将这个"特别的三角形"画出来。学生动手尝试后，因为画不出而产生进一步深刻的思考与分析，对"按角大小分类，三角形只能分成锐角三角形、直角三角形、钝角三角形三类"这一数学知识其中的道理就逐渐明晰。给学生充分的时间展示思维过程，引导学生对自己的错误作出修正，在修正中感悟道理，在思辨中开阔思维，不同层次的学生都能发挥出应有的价值。道理也就在错误中拨云见日，慢慢凸现出来，错题资源在此便能成为教学的一笔珍贵的财富。

方法三：引导学生反思即时的错误，分析产生错误的原因，讲清改正错误的道理，寻找更为丰富的解决问题的道路。

江苏省教育科学研究所原所长成尚荣说：我们的教室就是一个允许学生出错的地方！学生的错误不可能单靠教师正面的示范和反复的操练得到根除，必须经历一个"自我否定"的过程：以自我反思为基础，以内在的"观念冲突"为前提！

利用学习的错例，及时引发学生的观念冲突，能促使学生对已完成的思维过程进行批判性的"扫描"；从另一个角度看，又能促进学生的反思能力，并形成一种良好的"质疑"习惯。因此，针对学生的错例，教师应结合错例的特点巧设思辨情境，进行分析和点评，帮助学生剖析错例，反思成因。

以《三位数乘两位数》的教学片段为例：

（情境展示：淘淘算出 $117 \times 23 = 585$；全班小朋友集体算出 $118 \times 22 = 2596$。）

生：淘淘好像算错了。

师：哦，是吗？你怎么看出来的？

生：我看到117和118差不多，23和22差不多，118×22 等于2596，117×23 不可能等于585，差太多了。

师：你真是火眼金睛，比较一下就看出错误了，好样的，孩子！其实老师刚才也一眼就看出来淘淘算错了，不过我和他的想法不一样。谁能猜出来我怎么看出来的？

生：117×10都等于1170了，怎么可能乘23还会等于三位数？

师：你说得有道理，乘最小的两位数都等于四位数了。可是老师还不是这样看出来的，再想想，看谁和老师心有灵犀呀！

师：想不想知道老师怎么想的呀？

生：哦，我知道了，三七二十一，积的最后肯定是1，不可能是5。

师：看来咱俩心有灵犀，来，握握手！

师：那么淘淘可能错在哪里呢？你觉得呢？

生：可能忘记进位了。

生：可能数位没有对齐。

生：可能算错了。

师：这些错误平时大家有没有犯过呀？

生：（大部分）没有。

师：是吗？一次错误都不犯可是一件困难的事情，大家要继续努力哦！来，咱们看看淘淘到底错在哪了。

$$\begin{array}{r} 117 \\ \times\ 23 \\ \hline 351 \\ 234 \\ \hline 585 \end{array}$$

生：他的数位没有对齐。

师：说具体点。怎么改？最后的准确答案应该是……

本教学片段中，教师在练习中直接出示典型的错例，引导学生进行一系列的诊断、反思活动：猜测诊断方法，猜测错因，提出纠错方法。让学生做学生的老师，在辨析、反思的对话中层层深入，同时把学生可能发生的错误消灭在萌芽状态，充分践行"在错误中学习"。错例不等于错误，因此，教师要立足于学生常见的错例，研究错例，善于发现并利用好学生的错例，让学生在错误中一次一次地辨明道理所在。

教无定法，贵在得法！利用错例辨析道理的方法很多，以上三种方法仅仅希望能给大家启发与思考。归根结底"打铁还需自身硬"，要真正在课堂上落实错例辨析策略，教师首先要理清知识的本质、结构等，对学生出现的各种错因敏锐捕捉并加以分析，才能做到跳出错误看错误，引领学生"思错""辨错""改错"，以"错误"为契机，扫除知识盲点，拓展知识容量，挖掘知识内涵，使道理越辨越清，越辨越明。

五、反向思维策略

有这样一则故事："一位老太太有两个女儿。大女儿嫁给伞店老板，小女儿当了洗衣作坊的女主管。于是，老太太整天忧心忡忡，逢上雨天她担心洗衣作坊的衣服晾不干，逢上晴天她怕伞店的雨伞卖不出去，日子过得很忧郁。后来有一位聪明人对她说：'老太太，你真好福气，下雨天，你大女儿家生意兴隆；大晴天，你小女儿家顾客盈门，哪一天你都有好消息啊。'老太太一听，很有道理，从此生活焕然一新。"这则故事，简明生动地说明了反向思维的作用。

反向思维是一种从反面观察事物，交换角度思考问题，由果索因的思维形式。由著名哲学家爱德华·德博洛提出的这一思维，是衡量人创造性思维的重要指标，也是个体思维活动中不可或缺的部分。这种反向的思考较于常规的、顺向的思考方式，是一种创造性的思维、一种创新。它的"创新"在于从另一个方向来验证结果，多了一种探求的乐趣。培养学生反向思考的思维方式，既是对学生思维能力的一种提升，也是学生对数学知识深刻理解的一种有效方式。

在日常学习中，许多学生在解题过程中，或者思考问题时，往往只注重从常规的、熟悉的方向去解题，不善变通，使自己的解题速度和创新能力受到限制，有些问题难以解决或解决过程变得复杂。数学许多知识是相通的，数学中的许多概念、计算及公式等等，都是一种可逆知识，加和减、乘和除就是最典型的逆运算。就像计算 19+（　）=26 时，可以考虑 26-19=（　）；计算 15×（　）=105 时可以考虑 105÷15=（　）；由"速度 × 时间 = 路程"可以推断出"路程 ÷ 时间 = 速度""路程 ÷ 速度 = 时间"。利用这种转换达到思维从正向和反向的融会贯通，可以让学生快速地理解公式、算理，而且还可以提高思维的灵活度。那在数学课堂教学中我们可以通过怎样的途径引发学生反向思考，以促进其对数学道理的深刻理解呢？

反向追问，让学生于本质中思考

孔子说过，"不愤不启，不悱不发"。课堂提问把握时机最重要，教师要善于抓住问题的本源，紧扣学生的认知习惯，围绕主题合理追问，层层深入，让学生在追问中讲理，在辨析中明理，以达到深入研究问题、探清问题本质的目的。问题越有挑战性，学生学得越多越透彻。在教学《长方形的面积》一课时，教师经常采用的是顺向问题，例如"把面积为 1 平方分米的正方形摆一个长方形，每行摆 3 个，摆了 2 行，这个长方形的面积是多少平方分米？"然后学生根据问题，观察归纳得出长方形的面积。这样的教学立足于计算来理解长方形的面积公式，可是未能真正让学生深刻把握长方形面积公式所表达的意思。我曾执教《长方形的面积》一课，围绕以下几个问题组织教学：

（1）一个图形的面积是 3 平方分米，它是什么样的？

（2）6 个面积是 1 平方分米的正方形拼成的长方形，它是什么样的？

（3）信封里的这个长方形，要求它的面积怎么办？

（4）一个长方形的面积也是 20 平方厘米，它的长和宽可能是多少厘米？

这几个问题并没有按常规给长、宽或者给图形，让学生算面积，而是反过来，给面积想图形，给面积想长宽。这样反向追问学生，打破顺向思维的定式，从不同的角度分析问题，探求多种不同的思路，运用不同的解题方法求异求新。

史宁中教授提到："智慧并不表现在经验的结果上，也不表现在思考的结果上，而是表现在思考的过程中。"课堂如果总是一种模式、一种标准，教师的教学环节如果都是学生可以预测到的，那么教学容易让学生形成思维定势，从而影响思维的深刻性。要让学生的思维方式真正优化，不断地学会

"数学地思考",教师就需要激发学生从不同的角度思考,在各种反向追问中辨析、讲理,提升学生数学思维的深刻性。

反向教学,于障碍处明白道理

小学生思维是从低年级时的具体形象思维为主逐步过渡到高年级时以抽象逻辑思维为主。为此教材编排者注意到学生的思维发展特点,遵循从易到难的特点编排教材。例如《除数是一位数的笔算除法》一课,教材安排了 42÷2 和 52÷2 两个例题,并借助小棒进行拼摆,让学生明白除法算式为什么这样列式的算理。可是,在一次省级同课异构的研讨会上,我看到了两位教师对教材的不同处理。

其中一位教师,直接从例 1 开始教学,当出示例 1 的时候,学生没有按老师的预设环节走,而是脱口而出:"这个很简单,就等于 21。""你怎么知道等于 21?"就有一个同学跑到黑板前,写出如右图的算式。可此时教师却提出了反对意见,说:"同学们,我们不能这样,这样是错的,没有把计算的过程表示出来。"老师拿出小棒,让学生借助小棒帮助理解,学生摆完却依然坚定地说:"老师,我们这样列式也可以看出 4 个十除以 2 等于 2 个十,2 个一除以 2 等于 1,比你说的竖式简单。"分小棒的目的是想帮助学生理解算理,可最后学生依然认为老师非要我们这么列竖式是不讲道理。

另一位老师反其道而行,从例题 52÷2 教起,当孩子在计算过程中遇到困难了,不知道如何列式时,把小棒拿出来分一分,再把分的过程用竖式记录下来,然后形成了笔算除法的竖式,让学生明白用这样的竖式来表示计算过程是有道理的。接着再让学生用例题 2 的笔算方式计算 42÷2,并说明为什么这样列式的道理。因为有了 52÷2 的竖式作支撑,学生便能依经验而行,列出 42÷2 的竖式,并说明这样列式的道理。

同样的两道例题教学,为什么反向教学却能收到良好的效果呢?分析之后,主要有以下三个原因:(1) 42÷2 计算过于简单,无法激起学生笔算的需求。要求学生先尝试计算 42÷2 时,很多学生能够用口算的方法直接得到结果为 21,于是认为不需要通过笔算就能得到结果,所以学生所写的竖式只不过是口算结果的表达。(2)受已有乘法竖式这一知识经验的负迁移。学习本课之前,学生原有的知识经验是二年级下册"有余数除法"的竖式计算,这一知识点所涉及的都是表内除法的计算,都只需要一步计算就够了。学生计算42÷2时,已经通过口算得到结果,所以根据表内除法的一步计算,直接列出一步的竖式计算,并且把这种经验迁移到52÷2。(3)还有部分学生明白42÷2要经历两步计算才能得到结果,但是原来教学笔算乘法时(如下图),学生用两个竖式计算,教师提出把20×2和1×2两个竖式合成一个算式,比较简洁,因此到了除法,学生自然地想到了把两步合成一步计算比较简单。

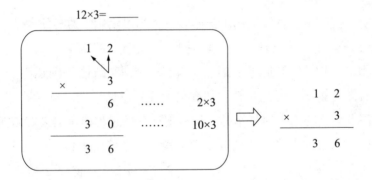

针对学生学习中的认知障碍,教师改变例题中42÷2和52÷2的先后顺序。先教学52÷2这一例题,由于没有42÷2作支撑,虽然有一部分学生也能通过口算得到结果,但多数学生无法直接得到结果,从而产生强烈的求知欲望。此时教师提供学具"52根小棒",让学生操作理解。借助具体直观的操作过程,既解决了学生为什么要从高位除起的疑问,又让学生感悟了除法笔算中分两步"算"的必要性。

人因思想而伟大。其实正向思维和反向思维就像硬币的正反面、太极的阴阳一样,相辅相成,不可偏废。有时反向的说理和求证更具魅力,就像语文中的双重否定一样,它比肯定的意思更强烈。尊重学生在课堂上的思维,多引导学生反向思维,启迪学生的智慧,溯流徂源才有涓涓的"源头活水",才能找到闪亮的思维之花。

六、任务驱动策略

"任务驱动"是一种建立在建构主义学习理论基础上的教学法。建构主义学习理论认为，知识不是通过教师传授得到的，学习目标和任务都需要学生主动、有目的地获取学习材料来实现。教学过程中，教师把学生的学习活动与任务相结合，以探索问题来激发、维持学习者的学习兴趣和动机，在强烈问题动机的驱动下，培养学生发现问题、提出问题、分析问题、解决问题的能力。因此，教学要体现以教师为主导，以学生为主体，并以任务为主线，把教学内容巧妙地隐含在每个任务之中，引导学生主动地去思考、发现、探索、表达"数学之理"，使学生弄清楚每一个知识的前后联系，体验其中的严密的数学思想，经历知识的形成过程，让学生真正感悟数学之"理"，体验数学的理性之美。

"任务驱动"教学过程是教师、学生、任务三者积极的互动。教师设计了合理的任务、环环相扣的教学过程，推动学生发挥主体作用，主动去完成各项任务；而学生的主体作用发挥越充分，就会发现更多问题，当问题无法解决时，求助于教师、求助于他人，此时教师为学生所推动，可以深入发挥其主导作用，主导推动主体，主体促进主导，直至完成整个教学。任务作为师生互动的中介，推动着整个课堂教学顺利地进行。通过实践，我初步总结出任务驱动的教学流程大体分为：

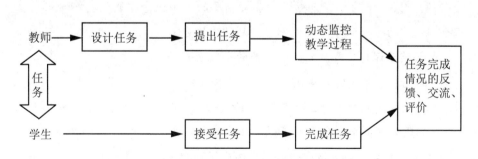

下面就让我们以具体课例为话题，谈谈以任务驱动说理的相互联系、螺旋上升的四个阶段。

第一阶段：创设情境，任务驱动，明确目标

建构主义学习理论提出：学生的学习活动必须与任务或问题相结合，以探索问题来引导和维持学习者的学习兴趣和动机，创建真实的教学环境，让学生带着真实的任务学习，促进学生学习的主动权的发挥。小学生有争强好胜的心理，让他们带着任务去学习，以完成任务为荣，从而获得老师的赞赏和肯定。因此，教学中教师可以根据教学目标，结合学生心理发展特征和学习水平，创设一个具体的、真实的、有趣的生活情境，引发学生的认知冲突，提出学习任务，激发学生主动学习的内驱力，理解知识的本源之理。

例如教学北师大版小学数学三年级下册《分一分（一）》之前，"分数"对学生来说是个陌生的、抽象的概念，三年级孩子的思维正处于形象思维为主的阶段，学习它有一定的难度。针对这一特点，教学时一位教师从学生熟悉的生活经验入手，创设学生喜欢的分物品情境。

课始，课件出示淘气和笑笑分物品的情境图。

师：淘气和笑笑分享食品，怎样分公平？

生：苹果每人两个。

生：水淘气一瓶，笑笑一瓶。

生：把蛋糕平均分成2份，每人一份。

生：平均分才公平。

师：对，"平均分"是数学中非常重要的一个概念，我们要牢牢记住这三个字，因为今天的学习处处都要用到"平均分"。

教师演示课件，学生则用手指头的个数来表示。

- 淘气和笑笑平均分享4个苹果，每人分到几个？（2个手指）
- 淘气和笑笑平均分2瓶可乐，每人得到多少？（1个手指）
- 淘气和笑笑平均分1个蛋糕，每人得到多少？

大部分学生不知所措，个别调皮学生说：把手指切掉一半，用半个手指表示。

师：这个代价太大了吧！1个、2个、3个可以用手指个数表示，一半

用手指个数表示显然不合适哦！那你能用什么方式来表示一半呢？

学生迫不及待地在纸上或画图、或写文字、或写符号来表示，亲身经历体验分数产生的过程。

可见，有效的问题情境是知识经验建构的最可靠的生长基地，是知识经验得以产生并保持其生命力和价值的根本条件，它可以激起学生的情绪、情感以及丰富的想象，让学生积极组织回答，并因此而主动地参与学习过程，提高课堂教学的效率。

任务驱动策略中的关键要素就是"任务"，其形式应贴近学生生活，来源于发生在学生身边的实例，是学生感兴趣的东西，只有这样，才能营造宽松的教学环境。值得一提的是，这里的任务并非简简单单的一两个问题，而是要结合教学内容、知识目标和对学生能力训练的要求，设计出一个生动有趣的学习任务。小学数学教学"任务"的设计要注意以下几点：

第一，"任务"设计要有明确的目标。任务目标更清晰、明确，教师可根据教学内容和学生的具体情况，把总目标细分成一个个的小目标，并把每一个学习模块的内容细化为一个个容易掌握的"任务"，通过这些小的"任务"来实现总的学习目标。

第二，"任务"设计要注意新旧知识的衔接。认知基础是决定学生进行有意义学习的一个最重要的内部因素。从学生的认知发展角度来说，任何新知识都是在原有的旧知识的基础上生长起来的，旧知识是学习新知识的认知停靠点，为此，布置"任务"要引导学生对旧知识进行复习，作好铺垫，架起"认知桥梁"，做到温故知新。当然，任务所涉及的内容，既要以课本基础知识为基础，又要具有拓展性、延伸性。学生们可以通过任务探索获取到更多课本以外的知识，丰富视野、扩大眼界。

第三，"任务"设计要遵循学生特点。"任务"难度要有层次性，要注意分散重点、难点，大任务是几点小任务组成的，小任务中可以分出层次，包含最基础、有一定难度、较高难度三个层次的任务。因此，教师进行"任务"设计时，要从学生实际出发，充分考虑学生现有的文化知识、认知能力、年龄、兴趣等特点，做到因材施教，分层教学。

第四,"任务"设计要凸显"生活化"。"任务"应具有情境性和意义性,应当是学生感兴趣的,要有浓烈的生活气息,让学生在密切联系学习、生活经验和社会实际的情境中去完成。这样,学生才能充分调动起学习的积极性,主动地去学习。

创设情境,明确任务,留给学生思考的余地,学生才能知道自己的学习目标,才能提出问题,主动去发现、去探索。逐步地,学生能够提出深入的、实质性的问题,并准确地找到解决问题的切入点,就自然地走近数学之理,其发现问题、提出问题的能力也就得到了进一步发展。

第二阶段:自主探究,经历过程,解决任务

任务提出后,接下来就是进行任务的学习和探究。这是一个全开放性的教学环节,其目的在于让学生在自主探索的过程中解决任务。常言道"百闻不如一见,百看不如一练"。因此,任务驱动课堂需要教师创设自主平等的氛围,做好引导工作,不能代替学生进行操作试验、探究知识,更不能直接将知识点抛给学生,省略学生探究的过程,而要让学生动手实践,适时引导学生针对任务畅所欲言,讨论、分析,发表对每个问题的意见,组织讨论、交流、汇报各个学习协作小组的或个人的不同理解,使学生在交流和讨论中学会比较、学会思考、学会表现自我,敢于创新,从而在实践中把握真知、掌握方法。

为此,教师可以根据学生的学习水平、教学目标,巧妙地将教学目标隐含在一个个有趣的任务之中,然后通过独立探究或小组合作等方式,引导学生观察、操作、分析、比较、抽象、概括、表达、验证等,解决任务,发展思维,弄清数学之理。

还是以北师大版小学数学三年级下册《分一分(一)》为例,揭示课题,解决完第一个小任务(用 $\frac{1}{2}$ 表示一半的优越性,体验学习分数的必要性)后,接下来:

师：同学们知道 $\frac{1}{2}$ 是怎么来的吗？它是怎么表示一半的？我们通过一段小视频来了解一下。（课件播放动画视频）

师：同学们看懂了吗？抬起手我们一起边写边认识 $\frac{1}{2}$。先画一条横线表示平均分，横线下面写2表示平均分成两份，上面写1表示取其中的一份。

师：诶，刚刚我们是怎样得到一个蛋糕的 $\frac{1}{2}$？

（教师先引导学生用自己的语言表达，最后再规范表达。）

师：（课件出示苹果图）能不能也像这样说一说，咱们可以怎么得到一个苹果的 $\frac{1}{2}$？怎样得到正方形的 $\frac{1}{2}$ 呢？

师：你能表示出下面图形的 $\frac{1}{2}$ 吗？

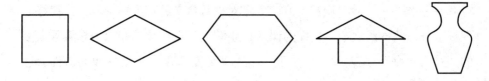

（师生交流）

师：我们通过涂一涂，都得到了图形的 $\frac{1}{2}$，这些 $\frac{1}{2}$ 有什么相同点？又有什么不同呢？

任务是激发和引领课堂教学的重要动因，是师生之间进行知识和情感传递的重要载体。此时，教师找准切入点再次提出任务，把学生的思维一步步引向深入，将知识、情感与之结合起来。学生动手折一折、涂一涂，然后观察、比较、交流，有了这样的收获：虽然这些图形形状、大小不同，分法也不同，但都是把它们平均分成2份，涂了其中的一份，即得到这个图形的 $\frac{1}{2}$，初步认识了 $\frac{1}{2}$ 的意义。

接着，教师又安排了这样的环节：

师：刚才我们用平均分的方法和 $\frac{1}{2}$ 来了次亲密接触，除了 $\frac{1}{2}$ 以外，你还知道哪些分数呢？你能用学具袋里的折纸折一折、涂一涂，创造一个你喜欢的分数吗？

（学生动手折一折、涂一涂，教师巡视。学生完成后展示作品。）

师：通过折一折、涂一涂等方法创造 $\frac{1}{2}$、$\frac{3}{4}$、$\frac{5}{8}$、$\frac{2}{3}$、$\frac{4}{5}$ 等分数，这些分数有什么相同点和不同点呢？

过程决定结果，细节决定成败。教师用一个个"子任务"来引导学生一步一步地学习：学生从对 $\frac{1}{2}$ 的认识自然迁移到对其他简单分数的认识；接着再次寻找分数异同点。在比较中，学生直面分数本质，对概念的认识经由"物"—"图"—"数"层层提升，学生对分数意义的理解更加全面，很好地理解了分数的本源之理。这样的课堂，让学生感觉到数学知识中充满了太多的"神奇秘密"，在教师的引导下，学生充分发挥学习主动性和创造性，这不仅让学生亲身经历认知的过程，而且培养、提高学生分析、解决实际问题的能力和创新意识。

在任务的完成阶段，教师作为一个组织者、引导者与合作者，应留给学生足够思考的时间和空间，走进学生之中，及时地为学生提供帮助，给予正确的引导，把握整个任务的内容、进度和方向，发现学生中容易出错的问题，特别是共性问题，应及时给予指导，同时在学生完成任务之后也要对此类问题进行分析与强调，从而突破教学的重、难点。同时，教师应不失时机地激活学生的思维火花，引导思维过程，训练思维方法，培养思维品质，提高思维能力，使他们高质量地完成任务，促进知识的意义建构，形成新的认知结构。

第三阶段：回顾反思，经验交流，总结提升

反思是发现的源泉，是训练思维、优化思维品质、促进知识同化和迁移的极好途径。弗赖登塔尔强调："反思是重要的数学活动，它是数学活动的核心和动力。"反思是一种内省行为,是对认知的再认知,是对感悟的再体验。它从一个新的视角,多层次、多角度地对问题的思维过程进行全面的考察、分析和思考,深化对问题的理解,通过对解决问题的反思,积累解决问题的经验。在课堂教学中教师留有时间与空间让学生冷静下来,对自己的判断、发现甚至语言表达进行思考,反思方法,这样有利于学生调整自己已有的认知结构,使知识系统化,完善知识结构,也有利于学生遇到问题时能自觉选择适当的策略,从而逐步提高学生解决问题的能力。因此,完成任务探究之后,教师要与学生一起进行回顾、反思、总结和评价。通过生生、师生间的交流,教师可以发现学生的问题,学生可以发现同学身上的闪光点;通过总结,学生可以对本课的知识有更加深刻的记忆和掌握;通过评价,教师可以反思本课教学中的优缺点,学生可以更清晰地认识自己。

例如,学习《圆的周长与面积》的综合练习:一个半径6厘米的圆等分剪拼成近似长方形,求长方形的周长和面积。

第一种解题方法:

求周长:$(2\times3.14\times6\div2+6)\times2$;求面积:$2\times3.14\times6\div2\times6$。

由于解法复杂,学生议论纷纷,有的说答案是对的,有的说答案是错的,争执不下。教师引导同桌同学画图分析,互相说说解题思路,$2\times3.14\times6$ 是圆的周长,$2\times3.14\times6\div2$ 就是圆周长的一半,正好是拼成的长方形的长,$(2\times3.14\times6\div2+6)\times2$ 是长加宽的和乘以2,就是长方形的周长;$2\times3.14\times6\div2$ 是拼成长方形的长,乘以6就是长乘以宽,所以求的就是长方形的面积。

第二种解题方法:

求周长:$(3.14\times6+6)\times2$;求面积:$3.14\times6\times6$。

学生看图分析:3.14×6 是圆周长的一半,就是拼成的长方形的长,长方形的宽就是圆的半径,也就是6,所以求长方形的周长直接列式 $(3.14\times6+6)\times2$,求面积直接列式 $3.14\times6\times6$。

第三种解题方法:

求周长:$2\times3.14\times6+2\times6$。因为把圆拼成一个近似的长方形,长方形的周长比圆的周长多了两条半径,所以求长方形周长的方法还可以是这样。

求面积：3.14×6^2。直接应用公式 $S=\pi r^2$，因为把圆拼成一个近似的长方形，形状变了，面积大小不变。

学生通过观察、分析、讨论、交流图形变与不变的规律，理解、掌握不同的解题方法。接着比较三种解法，又能发现什么秘密呢？

学生再一次对比分析，发现各种解法解题思路不同，但都可以根据运算定律转化成同一个算式。有的发现求面积既可以用求长方形面积的方法，也可以用求圆的面积的方法，数学真奇妙。学生能把圆与等分后的近似长方形之间的关系分析得淋漓尽致，不同的思路有不同的解法，不同的解法根据运算定律简化后又可以变成同一个算式。自由发言，轻松学习，快乐讨论，使学生放开思维的翅膀，解开数学的面纱，揭示数学的奥秘，寻求数学的真理。

教师组织学生对学习内容、学习情况及自我学习方法进行回顾、小结和评价，学生通过个体自评或小组内互评，可以知道自己还有哪些地方存在疑惑。如有的学生对圆周长和圆面积的意义有些混淆，对计算方法有所疑问，有的学生则想到了形象区分圆周长与圆面积概念的实验办法。这一环节对于学生来说，就是一个思维大爆发、头脑风暴的时刻，教师要善于释放空间，让学生尽情交流和展示。最后，教师再对教学内容的学情作出合理的评价。评价最好以表扬和鼓励为主，以保护学生学习的积极性，启发学生反思和创造，促进学生能力的全面提升。这样整理回顾不仅有利于教师掌握学生的学习活动情况，而且为学生下一步活动指明改进、优化的策略，同时学生在反思中享受快乐，在反思中谋求发展，在反思中获取创新。

"任务驱动"可以给学生指明学习方向，明确学习目的，激发其主动参与探索。学生在具体的"任务"中展开学习和探索，提出任务、分析任务、解决任务、反思任务，经历了从"知困"到"解惑"、从"偶然"到"必然"的心路历程，体验着探究带来的成就感，让"数学有理"真正成为了学生的切身感受，使情感熏陶真正达到了"润物细无声"的境界。

第四阶段：回眸社会，真实再现，深化知识

由于学生的元认知结构不同，他们观察生活数学的角度、深度、广度也都有区别，因此，教师要充分调动学生学习数学的积极性，用数学的眼光观察生活实际，并解决问题，使数学学习贴近实际生活，又应用于生活。如，学习长方体的表面积，教师可以引导学生带着数学眼光再次回归生活，应用长方体的表面积的计算方法灵活解决生活中的具体问题。为此，我设计了两组练习题：

第一组练习：纵向训练，掌握知识。
（学生掌握表面积的一般方法，联系生活实际解答下列一组习题。）
一个木橱子，长1米，宽0.5米，高2米，求制造这样的一个木橱子外壳所需要的材料至少是多少平方米？
一个长方体铁皮烟囱，长1米，宽0.5米，高2米，制造这个铁皮烟囱至少需要铁皮多少平方米？

通过这组练习，学生明白长、宽、高相等的长方体，由于实际应用不同，要求总面积的方法也各不相同。

第二组练习：横向训练，深化知识。
（学生学习长方体表面积后，观察长方体在生活、生产中各有哪些应用。学生会列举生活、生产中的许多事例，教师顺势引导学生解答下列一组题。）

1. 一个长方体房间，长5米，宽4米，高3米，要铺木地板，至少需要木地板多少平方米？

2. 墙角有个长方体水缸，长0.8米，宽0.4米，高0.5米（如下图），要在水缸外面贴瓷砖，至少需要多少平方米？

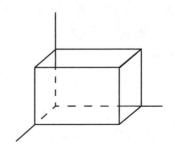

3. 木屋墙角做一个小木橱，长 0.5 米，宽 0.4 米，高 0.6 米（如下图），要做这个小木橱，至少需要木板多少平方米？

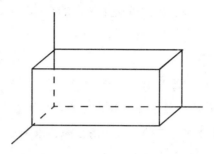

4. 炼钢厂有一个大烟囱，高 15 米，长 1.5 米，宽 1.5 米，要给这烟囱涂上反光颜料，需要涂刷颜料的面积是多少？

5. 一个火柴盒，长 4cm，宽 3cm，高 1cm，做这样一个火柴盒，至少需要多少硬纸皮？

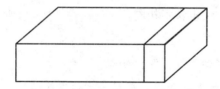

以上的题组联系，虽然同样都是求长方体的表面积，但学生从生活的实际需要出发，有的仅仅只需求一个或两个、三个面的面积即可，而有的却需要求多个，甚至像火柴盒既要考虑外盒，又要兼顾内盒，而内外盒的情况各不相同……通过以上生活性浓厚的练习，相信长方体的表面积计算公式的运用，在学生的眼中一定不仅仅是生硬、机械地套用公式计算，灵活应用意识一定会得到进一步的培养。

生活是数学的大课堂，它给学生提供真实的画面，再现学习的感性材料，数学教学要充分考虑学生的身心发展特点，结合学生的生活经验和已有的知识，设计富有情趣和意义的活动，使学生有更多的机会从周围熟悉的事物中学习数学，理解数学，促进数学知识的内化、深化。只有把数学与生活有机结合起来，才能更好地通过数学课程的学习来促进学生的发展，从而使学生更加热爱生活，热爱数学。

下篇 我的讲道理课堂

- 第一讲 凸显数学精神,培养数学素养
- 第二讲 追本溯源,于深处明理
- 第三讲 "理"清本质,深化内涵
- 第四讲 出其不意,智慧交融
- 第五讲 数形结合,直面规定
- 第六讲 悬起趣扬,顺畅喜悦
- 第七讲 朴实灵动,预约精彩
- 第八讲 博思简显,以约至博
- 第九讲 由表及里,明晰道理

第一讲　凸显数学精神，培养数学素养
——以《你知道吗？——判断2、3、5倍数特征的道理》为例

【课前思考】

"你知道吗？"是人教版小学数学教材中作为拓展知识的一个版块。学习"2、3、5倍数的特征"时，一般是通过举例、观察、归纳等方法，得到如何去判断2、3、5倍数的结论，并要求学生"能熟练地应用特征进行判断"。可数学学习是否就止步于知识表象呢？当我们在教学数学知识时，是否更要关注学生数学学习的本质是什么？如何让学生会质疑、会探究、会反思，在感受数学学科理性精神的精髓中形成终身受用的数学素养？

【课堂回放】

背景：

关于2、3、5倍数的特征，学生已经掌握判断2、3倍数特征的办法，而对于办法后面的数学本质却一无所知。在一次公开课教学上，有位教师上了一节《3的倍数特征》，并把为什么这么判断的道理用微课作简单介绍。可是，大部分学生仍是一脸似懂非懂的表情，从而引发了我的思考：数学不应该只知道"是这样的"，而更要让学生知道"为什么是这样的"，在究其所以然的过程中，提升学生的数学理性精神，从而培养学生终身受用的数学素养。

教学过程如下：

（一）回顾旧知，提出问题

师：我们已经学过2、3、5的倍数的特征，怎么判断一个数是不是5的倍数？

生：看它的个位上是不是0或5。

师：怎么判断一个数是不是3的倍数？

生：将所有数位上的数相加，看看是不是3的倍数。

师：5的倍数只看个位数，3的倍数要看各位上数的和。有困惑或新的问题吗？

生：为什么5的倍数只要看个位就行了，而3的倍数要看全部数位？

师：这个问题提得好吗？好在哪？

生：他把3和5的倍数特征作了比较。

师：今天的学习就从你们提出的问题开始。

["疑是思之始"，通过唤醒2、3、5倍数的特征，引导学生在旧知中产生新的困惑，在质疑中学会追问数学知识深处的道理，培养了学生的质疑精神。]

（二）合作探究，明晰5、2的倍数特征之"理"

1.思考交流，寻求探究方法

（出示：为什么判断一个数是不是5的倍数只要看个位数，其他数位都不用看？）

师：先独立思考，再同桌交流。

生：比如说，两个5相加，它的末尾是0。一样的，双数个5相加个位是0，单数个5相加个位是5，自然数能分成两类，一类是单数，一类是双数，所以答案末尾必须是0或5。

生：我和我的同桌有一种想法，就是一个奇数乘以5，它的个位一定是5；一个偶数乘以5，它的个位一定是0。

生：或许是因为十位、百位、千位、万位等数位都是由个位进过来的，所以只需看个位。

师："或许"是什么意思？

生：我也不知道这个想法对不对，只是可能性猜测。

师：虽然不确定，但勇于把自己的想法说出来，值得表扬！

生：我有补充，如果去掉个位的话，末尾就是 0，末尾为 0 的一定是 5 的倍数，所以只要看个位是不是 5 的倍数就行了。

师：谁听懂了他的想法？

生：他的意思是，不管多大的一个数，去掉个位余下的数一定是整十数，再加个位上的 5 或者是 0，这样的一个数肯定是 5 的倍数。

["一千个学生眼里有一千个哈姆雷特"，尊重学生，给学生充足的时间，让学生借助已有的知识经验来说理，你将发现学生的认知会逐渐逼近知识背后的真理。]

2．借物析理，理解 5 的倍数特征

师：我们一起来理解他所说的。（在十位上写 1，如下）这里的"1"是 5 的倍数吗？（生：是。）"1"怎么会是 5 的倍数呢？

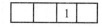

生：因为这个"1"在十位上，10 是 5 的倍数。

（课件展示 10 个珠子五个五个地分，刚好分完。）

师：（在计数器的十位上拨 3）是不是 5 的倍数？（生：是。）为什么？

生：因为它表示 3 个十，1 个十是 5 的倍数，3 个十也是 5 的倍数。

师：（遮住计数器）我在十位上拨，还是不是 5 的倍数？（生：是。）你们没看到，怎么还能肯定？

生：因为每个十都是由两个 5 组成的，无论几个十都是 5 的倍数。

师：我在百位上拨，还是 5 的倍数吗？（生：是。）为什么？

生：100 里面有 10 个十，然后十是可以被 5 整除的，10 个十除以 5 等于 20，百位表示的是有几个百，不管几个百都是 5 的倍数。

师：猜猜接下来我会在哪一位上拨？

生：千位。

师：对不起，你们都猜错了。我为什么不在千位上拨了？

生：因为千位跟百位、十位都一样。1000是由10个百组成，而100是5的倍数。

师：（将计数器藏在桌底下）我在个位上拨，还是5的倍数吗？

生：不确定。

师：现在为什么不确定？

生：假如你拨了1个，就不是5的倍数；在个位拨5才是5的倍数。

生：现在我明白了为什么判断是不是5的倍数只看个位，其他数位不用看的道理了。

[数学推理是一个重要的数学思想，而对小学生来说，演绎推理是比较难以理解的。为让学生准确把握为什么判断5的倍数只要看个位而其他数位不用看的道理，教师巧妙借计数器，让学生关注到数的位值制，在思考和辩论中理清道理。]

3．类比迁移，联通2的倍数特征

师：想想看，谁和5的道理是一样的？

生：2。先看十位，十里面有5个2；再看百位，100里面有50个2；千位1000里面有500个2；个位的话，不拨或者拨2个、4个、6个、8个才能是2的倍数，其他都不是2的倍数。

生：我也认为是2。其他数位不管是多少都是整十、整百、整千，都是2的倍数，所以只要看个位就可以了。

[数学活动经验的积累要在过程中实现，只有经历解决问题的过程，才能体会到数学思想的精髓。学生借助已有的探究5的倍数特征的经验迁移，通过举例、说理等方式，自主理解2的倍数特征的道理。]

（三）拓展延伸，理解3的倍数特征之"理"

1．交流反思，内化经验

师：5、2的道理都明白了，那么3呢？为什么不能只看个位？

生A：因为3的倍数的个位是不确定的，可能是0，可能是1，可能是2……所以不能只看个位，得总体来看。

师：为什么个位不确定？为什么要总体来看呢？

生：因为 10 不能被 3 整除。

师：(对生 A) 他说的和你说的有什么不一样？

生 A：他是从 10 的角度来考虑的，因为 10 可以组成百、千、万等。

师：他懂得从 10 考虑，你怎么没想到？

生 A：大概是我没反应过来吧，没结合 2 和 5 的经验，所以我以后考虑问题要全面点。

[及时反思才能促进学生经验的提升，让学生从过程中反思自己的优点和不足，学会欣赏和鉴别别人思考问题的独到之处，从而内化为自己的活动经验，促进理性思维的发展。]

2．举例探究，层层析理

师：那就产生了我们要解决的第二个问题：为什么判断一个数能不能被 3 整除，要看各位上数的和？你们打算自己研究还是老师来告诉你们？

生：自己研究。

师：你准备怎么研究？

生：举例子，分一分……

师：取出探究单，先独立思考，再同桌商量，最后小组交换意见。

生：我举个例子，比如说 12，我们先把 10 拆分下来，用 10 除以 3 余下了 1，这个 1 再与个位上的 2 进行结合就成了 3，这个 3 又可以被 3 整除，所以 12 是 3 的倍数。

师：一起来看，1 加 2 的"1"表示什么？这个"1"是哪来的？

生：是 10 除以 3 之后余下来的 1，12 分成 10 和 2，把 10 个珠子三个三个地分，余下 1 个。

师：为什么还要加 2？

生：因为可以转到个位上来。

生：因为个位上的 2 还没有分，加余下来的 1，可以凑起来再分。

师：那么，22 我们是怎么判断的？

生：首先把 22 里的 20 分成两个 10，1 个 10 除以 3 后会余一个 1，余下的两个 1 加上个位的 2 等于 4，4 不能被 3 整除，所以 22 不是 3 的倍数。

师：42 我们怎么判断？

生：4个10就会余下4个1，加上个位上的2，等于6，6可以被3整除，所以42是3的倍数。

生：我想补充一下，4个10能分成4个9加4。9是能被3整除的，所以4乘9肯定能被3整除。余下来的4加上末位的2等于6，6也能被3整除。

师：我有一个疑问：1个10余1，两个10余2，3个10会余3吗？这个3不是还可以分吗？

生：现在先不分，把它留到最后分。

师：所以你一直要强调——

生：把它分成4个9余4。

师：通过刚才的讨论，我们又有了新的认识。要不要举个大一点的数？比如142，该怎么判断？

生：因为100除以3，除不尽，有余数。（停顿思考）

师：对了，那142里的这个"1"与底下的"1+4+2"的"1"一样吗？

生：不一样。

师：有什么不一样？

生：上面的"1"表示的是1个百，下面的"1"表示的是余下来的1。

生：1个百三个三个地分，分了99个，还余1个。

师：这里的"4"呢？

生：1个10三个三个地分，余1个，4个10就余4。

师：那你明白1+4+2的道理了吗？

生：就是1个百三个三个地分余1个，4个十三个三个地分余4个，把余下来的1个、4个还有个位上的2个合起来再一起分，如果能分完就是3的倍数，如果不能分完就不是3的倍数。

3．抽象提升

师：(板书abc）怎么判断这个数是不是3的倍数？同桌之间先小声地说一说。

生：判断这个数是不是3的倍数要先算a除以3等于多少，看它余下来多少，再算b除以3等于多少，看它余下来多少，最后算c除以3等于多少，看它余下来多少。

生：这里的 a 表示的是 a 个百,三个三个地分余下来的就是 a,b 表示的就是 b 个十,三个三个分,余下来 b,c 个一先不分,把 a+b+c 的结果再三个三个分,就可以知道 abc 是不是 3 的倍数了。

["好的数学教学,是把数学知识、数学方法、数学思维、数学思想融为一体的教学。"学生经历 5、2 倍数特征的道理探究后,再探究 3 的倍数特征时,已具有研究经验和研究方法作支撑,探究就变得有道可循。但探究 3 的倍数特征的道理是这节课的教学难点,为此,教师在引导学生合作探究、交流中,要加上关键适时的追问,让学生深入思考,从而得出为什么 3 的倍数要看各位上数的和的道理。最后借助符号总结归纳,完成论证推理过程。]

（四）回顾反思,总结收获

师：今天的数学课和平时有什么不一样呢？

生：平时的数学课不往里面挖,这节课我知道了为什么 2、3、5 的倍数这样判断。我觉得我这节课收获挺大的。

生：我觉得平时我们上数学课都是老师直接教我们方法,这节课是我们自己研究,刨根问底,总结方法。

生：以前数学课没明白为什么这样,今天彻底明白了。

……

[通过对这节课的回顾追问,让学生在总结中感悟数学学习需要追根究底,自主寻找方法,感受数学学习的本质,培养数学理性精神。]

【课堂思考】

数学是一门具有严密的逻辑性与思考性的理性学科,数学课堂教学可以也应该给学生呈现"讲理"的一面,数学教学应以理性的力量去感染、震撼学生,引领学生在日常的、朴素的数学内容学习中,伴随着数学知识的发生与发展过程去静心思考是什么,为什么这样,应该怎么做,还可以怎么做。学生应该学会质疑、学会探究、学会反思,在一次次的数学思维活动中,要引导学生深入到数学的本质,将学习指向学生推理能力的发展,指向数学的精神、思想与方法的领悟。

（一）质疑精神，从知识深处发现问题

数学学科的理性体现在对已有的生活现象和知识要抱有一种质疑的态度，要有发现问题的敏锐性。判断2、3、5倍数的特征是学生已经学过的知识，学生把这些特征背得滚瓜烂熟，可是对为什么可以这样判断却一无所知，甚至未曾想过去追问特征背后的道理。课堂上，关于5、2、3的倍数特征，教师追问："有困惑或新的问题吗？"促使学生重新审视已有的数学知识，引发质疑，从而产生新的问题："为什么5的倍数只要看个位就行了，而3的倍数要看全部数位？"看似常规的一个提出问题的过程，却一改有疑而问、顺势提问的习惯，让学生从司空见惯的生活中发现问题，促使学生从知识深处发现问题。学生提出问题后，教师追问："这个问题提得好吗？好在哪？"让学生深刻意识到提出这个问题的价值所在，感受发现问题的重要性。

（二）理性精神，在探究活动中深化

如果数学学习只是掌握了知识、结论，没有掌握探索知识的方法和培养探究精神，那么其过程就只能变成一种记忆和复制。本节课的价值取向更多地在过程性的目标上，学生在探究"判断2、3、5倍数特征为什么是这样"的过程中，不断自我叩问"该怎么去研究"。由于演绎推理对小学生来说，仍具备一定的理解难度，学生采用"质疑—举例—说理"的方法时，尚无法准确表达自己的推理过程。此时，教师借助计数器和课件，让抽象的推理变为直观的演示，帮助学生深刻理解5的倍数特征的道理。探究完5的倍数特征道理后，学生并不满足于这一知识的结束，而是类推到2、3，在教师追问是自己研究还是老师来告诉时，全体学生无一例外地选择了自己探究，这足以说明学生对探究数学知识的源头产生了极大的兴趣，同时也让学生感受到数学理性精神的魅力所在。学生通过独立思考、合作交流、举例分析说理等各种方式进行推理论证，经历了从不完全归纳到合理阐述判断3的倍数特征的过程，我们欣喜地看到学生逐步积累了这类数学知识的探索活动经验，

真正让学习实现"自主探究"。

郑毓信教授提出:"数学课中我们所希望看到的是学生能养成一种新的精神,它并非与生俱来的,而是后天养成的理性精神……"数学教育主要应当促使学生更为积极地去进行思考,并能通过数学学习学会思维,特别是能逐步学会想得更深、更合理、更清晰、更全面。数学学习不仅应该让学生掌握基本知识,还应该在寻求数学本质的过程中,借助直觉、想象、质疑、寻源……让学生带着理性思考主动理解知识的本质之理,这也是数学教学对学生理性精神养成的价值之所在。

互动赏课

构筑核心素养下讲道理更接地气的数学课堂
——赏《你知道吗?——判断2、3、5倍数特征的道理》有感

教材重要,比教材更重要的是教师的创造意识和智慧。这是罗老师这节课给笔者的最大感受。虽然笔者对核心素养仅懂得皮毛,然而笔者始终认为,数学,自然以"思维素养"为核心。罗老师一直致力于构建讲道理的课堂,做一名讲道理的数学老师!因此在课堂上他选择做教学中最难但也是最重要的事:教给学生数学深层次的道理,让学生感悟数学思想,掌握推理方法,逐步学会"数学地思考……"观其课,懂其道,明其意!罗老师的课堂凸显数学精神,意在培养学生的数学素养,关注学生的终身学习和发展!让孩子在数学学习中讲道理原来是学习有深度思维含量的数学!我们不妨先来欣赏孩子们在课堂结尾是怎样评价这节课的:

师:今天的数学课和平时有什么不一样呢?

生:平时的数学课不往里面深挖,这节课我知道了为什么2、3、5的倍数这样判断。我觉得我这节课收获挺大的。

生：我觉得平时我们上数学课都是老师直接教我们方法，这节课是我们自己研究，刨根问底，总结方法。

生：以前数学课我没明白为什么这样，今天彻底明白了。

孩子们朴实、真实的话语，应该是成功者、胜利者的快乐宣言！摒弃空洞的说教，也无需引经据典，"智慧、思想"却"一切尽在此言中"，真是"满园春色关不住"！这才是核心素养的教育，如春风细雨，润物无声，令人陶醉。"清水出芙蓉，天然去雕饰"，孩子们受到的教育熏陶真是像呼吸空气那样的自然。

罗老师的"讲道理"为什么这么深得学生的喜爱与老师的好评呢？笔者终于明白，原来这讲道理是接地气地讲道理，接的是学生与教师的"最近发展区"的地气，是孩子们生命体发展的需要，尊重了孩子们现有的水平与可能达到的水平；更是教师专业成长的需要，解惑了教师心中久藏的"悱"与"愤"，提供了教师如何将智慧与思想带给学生的典型范例。

欣赏几个令人回味的片段吧！

一、思源于疑——开放思路

"发问"和"质疑"是一种善于学习、勤于思考的表现，而如何让我们的学生学会有效"发问"和"质疑"呢？

师：我们已经学过2、3、5的倍数的特征，怎么判断一个数是不是5的倍数？

生：看它的个位上是不是0或5。

师：怎么判断一个数是不是3的倍数？

生：将所有数位上的数相加，看看是不是3的倍数。

师：5的倍数只看个位数，3的倍数要看各位上数的和。有困惑或新的问题吗？

生：为什么5的倍数只要看个位就行了，而3的倍数要看全部数位？

师：这个问题提得好吗？好在哪？

生：他把3和5的倍数特征作了比较。

"学源于思，思源于疑"。在上课之前学生虽然已经掌握了2、3、5的倍数的判断方法，但是并不知道为什么这样判断的道理，更不会主动去质疑这个判断方法是否正确。罗老师不走寻常路，意图突破学生的思维惯式，鼓励学生刨根问底，引发学生独立思考："为什么5的倍数只要看个位就行了，而3的倍数要看全部数位？"教师在无形中教会学生开放思路，学会质疑，追本溯源，追寻一种全新的眼光观察世界。

二、智启于心——深化思维

聚焦核心问题，罗老师让学生在想、说、辩等过程中逐步学会说清道理，在反思质疑、思维碰撞和智慧分享中逐步关注数的位值制，这种讲道理，接的是数学的本质的地气。

（出示：为什么判断一个数是不是5的倍数只要看个位数，其他数位都不用看？）

师：先独立思考，再同桌交流。

生：比如说，两个5相加，它的末尾是0。一样的，双数个5相加个位是0，单数个5相加个位是5，自然数能分成两类，一类是单数，一类是双数，所以答案末尾必须是0或5。

生：我和我的同桌有一种想法，就是一个奇数乘以5，它的个位一定是5；一个偶数乘以5，它的个位一定是0。

生：或许是因为十位、百位、千位、万位等数位都是由个位进过来的，所以只需看个位。

师："或许"是什么意思？

生：我也不知道这个想法对不对，只是可能性猜测。

师：虽然不确定，但勇于把自己的想法说出来，值得表扬！

生：我有补充，如果去掉个位的话，末尾就是0，末尾为0的一定是5的倍数，所以只要看个位是不是5的倍数就行了。

师：谁听懂了他的想法？

生：他的意思是，不管多大的一个数，去掉个位余下的数一定是整十数，再加个位上的 5 或者是 0，这样的一个数肯定是 5 的倍数。

感叹于罗老师对教学的深刻思考，感叹于罗老师给孩子充分的时间与空间，感叹于学生回答的"无所顾虑"。"天高任鸟飞，海阔凭鱼跃"！给猴一棵树，给虎一座山，有了适当的舞台，一只鸭子也会是一个顶呱呱的角色。这就是对话，这就是协作，这就是体验，这就是感悟！让心与心碰撞，让心启迪心，这才是真正的"唤醒"！

师：我们一起来理解他所说的。（在十位上写1，如下）这里的"1"是5的倍数吗？（生：是。）"1"怎么会是5的倍数呢？

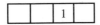

生：因为这个"1"在十位上，10 是 5 的倍数。

（课件展示 10 个珠子五个五个地分，刚好分完。）

师：（在计数器的十位上拨3）是不是 5 的倍数？（生：是。）为什么？

生：因为它表示 3 个十，1 个十是 5 的倍数，3 个十也是 5 的倍数。

师：（遮住计数器）我在十位上拨，还是不是 5 的倍数？（生：是。）你们没看到，怎么还能肯定？

生：因为每个十都是由两个 5 组成的，无论几个十都是 5 的倍数。

师：我在百位上拨，还是 5 的倍数吗？（生：是。）为什么？

生：100 里面有 10 个十，然后十可以被 5 整除的，10 个十除以 5 等于 20，百位表示的是有几个百，不管几个百都是 5 的倍数。

师：猜猜接下来我会在哪一位上拨？

生：千位。

师：对不起，你们都猜错了。我为什么不在千位上拨了？

生：因为千位跟百位、十位都一样。1000 是由 10 个百组成，而 100 是 5 的倍数。

师：（将计数器藏在桌底下）我在个位上拨，还是5的倍数吗？

生：不确定。

师：现在为什么不确定？

生：假如你拨了1个，就不是5的倍数；在个位拨5才是5的倍数。

生：现在我明白了为什么判断是不是5的倍数只看个位，其他数位不用看的道理了。

苏霍姆林斯基说过："当一个年幼的人不是作为冷漠的旁观者，而是作为劳动者，发现了许许多多个'为什么'，并且通过思考、观察和动手操作而找到这些问题的答案时，在他身上就会像火花燃成火焰一样，产生独立的思考。"学生在罗老师的不断启发下，始终保持自主探究的热情，师生之间朴实的问话恰似有魔力的路标指引学生持续向前。学生在讲理、辩理、明理中经历"有理说不清—举例说清理—理在心中明"这一自主探究的过程，逐层递进，不断挖掘数学知识背后的道理，努力追寻数学的核心价值，让自己的思维逐渐走向深刻，体会用自己的智慧解决问题的乐趣！更令人佩服的是，罗老师满足的不是个体到位，而是人人到位，深入浅出，化抽象为具体，"数缺形时少直观，形少数时难入微"，"数形结合"让全体学生都领悟到了其中的道理，真真切切地经历了"不是一番寒彻骨，怎得梅花扑鼻香"。

三、理通于悟，活化思想

3的倍数的道理显然是本节课的难点。由于对5的探究，孩子们已经从"几度风雨"中渐入佳境。在学生已经真正"乐于探究"之际，任何困难都将迎刃而解，因为他们已经能并且希望能自主地进行有效的知识迁移。课堂中，罗老师的"他懂得从10考虑，你怎么没想到？"让学生反观自己的思维方式，自觉地运用类比推理，令人赏心悦目。

师：那就产生了我们要解决的第二个问题：为什么判断一个数能不能被3整除，要看各位上数的和？你们打算自己研究还是老师来告诉你们？

生：自己研究。

师：你准备怎么研究？

生：举例子，分一分……

师：取出探究单，先独立思考，再同桌商量，最后小组交换意见。

生：我举个例子，比如说12，我们先把10拆分下来，用10除以3余下了1，这个1再与个位上的2进行结合就成了3，这个3又可以被3整除，所以12是3的倍数。

……

师：（板书abc）怎么判断这个数是不是3的倍数？同桌之间先小声地说一说。

生：判断这个数是不是3的倍数要先算a除以3等于多少，看它余下来多少，再算b除以3等于多少，看它余下来多少，最后算c除以3等于多少，看它余下来多少。

生：这里的a表示的是a个百，三个三个地分余下来的就是a，b表示的就是b个十，三个三个分，余下来b，c个一先不分，把a+b+c的结果再三个三个分，就可以知道abc是不是3的倍数了。

"学习任何知识的最佳途径是由学生自己去发现，因为这种发现理解最深，也最容易掌握其中内在规律的联系"，此时学生已经积累了推理2、5倍数的学习经验和方法，对"例证"3的倍数的判断依据也跃跃欲试，罗老师顺势而为，以12、22、42、142等数据为例，再次放手让学生自主尝试，深入探究，促使学生在对比方法的内在联系和区别中完善思维过程，在反思质疑中深挖数学本质，最终树立严谨求实的科学态度，成功推理出abc的判断依据，实现了学生从举例式推理向逻辑推理的过渡。真如郑毓信教授所言："数学课中我们所希望看到的是学生能养成一种新的精神，它并非与生俱来的，而是后天养成的理性精神……"数学教学应树立"核心"意识，应关注学生数学思想的形成、数学精神的养成。学生在经历经验式说理—举例式说理—自主迁移式说理—抽象逻辑推理的过程中，数学活动经验不断积累，在问题解决、情感态度、数学思考的发展带动下，学生提高了逻辑推理能力，学到了数学思想方法。数学思想是数学知识的精髓，是知识转化为能力的桥梁，学生不再是单纯地学习数学知识，而是感悟数学精神世界的博大精深！

总之，正如杨玉东教授所言：罗老师明确学生的认知规律，整节课的教学基于认识世界的三种水平——以俗观之、以物观之、以道观之。成功地引领学生从知道道理上升到质疑道理，继而想办法说清道理，最后在无形中学会了一种认识世界的道理。期待出现更多的像罗老师这样的有数学思维内涵的智慧型教师，设计出更多的集问题、思考、探究、启发、明理于一体的引人入胜的接地气、讲道理的好课！

（浙江省台州市椒江区教育教学发展中心　李加汉）

让学生体悟数学的精神、思想与方法
——《你知道吗？——判断2、3、5倍数特征的道理》教学赏析

整除及倍数、因数等都是数论中最基本的概念，有了这些概念，就可以展开对整数性质的研究。在小学里教学"2、3、5倍数的特征"，通常都是先举出例子，再通过归纳得到结论的，且教学仅止步于此，之后就转向运用结论判断某些数是不是2、3、5的倍数。罗鸣亮老师教学的《你知道吗？——判断2、3、5倍数特征的道理》，则引导学生深入到数学的本质，运用位值概念、除法含义、整除定理等，引导学生探究2、3、5倍数特征背后的依据，精彩演绎了"讲道理"的数学课，不仅实现了数学学习从"知其然"到"知其所以然"的跃升，更重要的是让学生体悟了数学的精神、思想与方法。

一、数学精神的核心是其理性精神

探究2、3、5倍数判断依据背后的道理，是罗老师教学这节课的重要目标，而培养学生的理性精神却是教学的核心价值。学生在探究发现的过程中，不仅理解了知识背后的数学道理，而且沟通了2、3、5倍数判断依

据的内在联系。2、5的倍数特征与3的倍数特征在语言描述上是很不一样的，前者只要看个位，后者要看各个数位上数字之和，如果不是深入到数学的内部，根本看不到这些判断之间的内在联系。建立这个联系的桥梁是整除定理，即：a、b、c都是自然数，如果a能被c整除，b能被c整除，那么（a+b）也能被c整除。这个定理的逆命题也是成立的。学生学习了这节课之后最大的收获是：懂得了道理，"彻底明白了"。其实，"懂道理"的背后是感受了数学的精神，"明白了"的意义是体会了数学的特点。

二、数学思想中推理是最重要的思想之一

学生初学2、3、5的倍数特征时，主要依赖于归纳推理。罗老师教学的这节课，引导学生用类比推理提出问题，用归纳推理分析问题，用演绎推理解决问题。

首先是发现问题和提出问题。提出问题不仅是数学研究的重要组成部分，也是数学教学的重要目标。罗老师通过引导学生回忆所学的知识，以类比思维引导学生提出一个很有研究价值的问题。

师：我们已经学过2、3、5的倍数的特征，怎么判断一个数是不是5的倍数？

生：看它的个位上是不是0或5。

师：怎么判断一个数是不是3的倍数？

生：将所有数位上的数相加，看看是不是3的倍数。

师：5的倍数只看个位数，3的倍数要看各位上数的和。有困惑或新的问题吗？

生：为什么5的倍数只要看个位就行了，而3的倍数要看全部数位？

师：这个问题提得好吗？好在哪？

生：他把3和5的倍数特征作了比较。

学生提出的疑问被分解为两个探究的问题，一是：为什么判断一个数是不是5的倍数，只要看个位数，而其他数位都不用看？二是：为什么判断一

个数是不是3的倍数，要看各位上的数的和？罗老师以这两个问题为向导，引导学生展开美妙的数学探究和发现之旅。

其次是分析问题和解决问题。在分析和解决问题的过程中，最具有教育价值的部分是寻求解决问题的思路与方法。教学中，如果一种思路是老师提供的，这样的学习就不能算作真正的自主，如果一种方法是老师告诉的，这样的探究就不能算作真正的探究。罗老师教学的智慧和艺术，体现在"不该出手的时候不出手，该出手的时候就出手"。

学生经过独立思考之后，进行汇报交流。

……

生：我有补充，如果去掉个位的话，末尾就是0，末尾为0的一定是5的倍数，所以只要看个位是不是5的倍数就行了。

师：谁听懂了他的想法？

生：他的意思是，不管多大的一个数，去掉个位余下的数一定是整十数，再加个位上的5或者是0，这样的一个数肯定是5的倍数。

只有懂得整除定理的人才能真正听懂上面学生的想法。罗老师果断地出手了。

师：我们一起来理解他所说的。（在十位上写1，如下）这里的"1"是5的倍数吗？（生：是。）"1"怎么会是5的倍数呢？

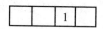

生：因为这个"1"在十位上，10是5的倍数。

（课件展示10个珠子五个五个地分，刚好分完。）

师：（在计数器的十位上拨3）是不是5的倍数？（生：是。）为什么？

生：因为它表示3个十，1个十是5的倍数，3个十也是5的倍数。

师：（遮住计数器）我在十位上拨，还是不是5的倍数？（生：是。）你们没看到，怎么还能肯定？

生：因为每个十都是由两个 5 组成的，无论几个十都是 5 的倍数。

这里归纳得到的结论是十位上的数不管是几，这个整十数一定是 5 的倍数，因为每个 10 都可以分成 2 个 5。孩子是很聪明的，他们马上把这个思考方法类比到百位和千位上，甚至迁移到 2 的倍数中来。

三、论证方法是数学最有力的武器

本质上，3 的倍数特征与 2、5 的倍数特征的判断依据是相同的，都是整除的定理。但是相比较而言，3 的倍数特征背后的道理不容易解释，困难主要集中在位值的转换上。以 324 为例，324=（3×99+3）+（2×9+2）+4=（3×99+2×9）+（3+2+4），以百位上的 3 为例，原来表示的位值是 300，判断是不是 3 的倍数时，是把它当作 3 来看的，这个位值转换增加了学习难度。

罗老师根据小学生的心理特点与认知规律，以图示直观和举例说明相结合的方式，进行归纳论证。举的例子从 12 到 22，再从 42 到 142，降低学生学习的难度，引导学生逐步建构对知识的理解，获得一般性的数学结论，最终完成"论证"的过程。

师：（板书 abc）怎么判断这个数是不是 3 的倍数？同桌之间先小声地说一说。

生：判断这个数是不是 3 的倍数要先算 a 除以 3 等于多少，看它余下来多少，再算 b 除以 3 等于多少，看它余下来多少，最后算 c 除以 3 等于多少，看它余下来多少。

得出这个结论是重要的，它实现了从经验归纳到逻辑推理的"华丽转身"，从"个"扩展到"类"，把之前的举例说明提升为结论论证。

罗老师教学的这一课，与其说是探索知识背后的秘密，不如说是数学精神的洗礼和文化的熏陶。数学是最讲道理的，数学文化的内核就是数学精神、思想和方法。那种认为小学生年龄太小，数学道理太抽象，小学数学不需要讲太多道理的说法是错误的。如果数学课上不讲道理，数学精神丢了，思想没了，方法少了，那么，我们教的就不是数学，而只是知识而已。

（浙江省新思维教育科学研究所　姜荣富）

第二讲　追本溯源，于深处明理
——《小数的意义》教学思考

【课前思考】

小数并不是由分数改写而产生的，而是自然数的十进位值制计数规则加以扩展的结果，它是以 10 的 N 次幂为分母的分数的另外一种表示形式，是十进制计数向相反方向衍生的结果，其本质就是十进分数的另一种表现形式。小数和整数在形式上是统一的，小数的出现也使得十进制计数法从整数扩展到分数，数的内涵更加丰富了。数的表现形式改变了，但其中不变的是相邻两个计数单位之间的进率还是 10。如何把小数的教学放入数的体系中，感受小数的价值及其在数学知识体系中的地位，是值得我们进一步思考的。

【课堂回放】

背景：

在学习小数的意义之前，学生已经学习了"分数的初步认识"和"小数的初步认识"。本课教学中，仅单纯借助分数来理解小数的十进关系有一定的难度，为此，教师应根据学生的认知特点，借助小数直观模型，沟通小数、分数、整数之间的联系，使学生在知识的应用过程中直观地感悟到十进制计数法从整数拓展到分数的过程，帮助学生进一步理解小数的意义。

教学过程如下：

（一）沟通小数、整数的十进关系

1. 数数，明确小数产生的必要性

师：我记得我们从一年级开始就数过数。会数吗？罗老师带来了一个信封，这里面有涂色的正方形，我们一起来数一数有几个？

（师出示正方形，学生跟着数。）

师：这样一个一个地数，9个，再来一个就是……

生：10个，满十进一。

师：对了，10个一就是十，那么如果十个十个地数，10个十就是……

生：100。

师：10个100呢？

生：1000。

师：对，都是满十进一。（板书：满十进一）

（师继续出示正方形，学生跟着数。）

生：4个、5个。

（师拿出如下正方形）

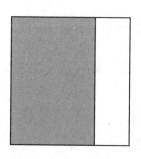

生：6个……（部分学生停下来不数了）

师：出什么问题了？

生：它不是全部都涂颜色的。

师：那怎么办呀？

生：用几分之几来表示。

生：还可以用小数来表示。

[小数产生的本源在于计量的需要。人们在计量物体的时候，常常不能

正好得到整数结果,这时可用分数或者小数来表示。以简单的数数引入,将小数的产生历史用最简洁的方式呈现出来,让学生经历小数的产生过程,感知小数产生的必要性。]

2. 理解小数和整数的十进关系

师:那你会用哪个数来表示呢?

生:$\frac{2}{3}$。

生:$\frac{3}{4}$。

生:0.2。

生:0.7。

(学生猜测,教师板书。)

师:把想法说出来,看看大家同不同意。

生:把这个正方形平均分成 3 份,看看涂色的是不是涂了 2 份。

生:把这个正方形平均分成 4 份,看看是不是涂了 3 份。

师:0.7 呢?

生:把正方形平均分成 10 份,看是不是涂了 7 份。

师:奇怪了,平均分 3 份,是 $\frac{2}{3}$,$\frac{3}{4}$ 是平均分 4 份,0.7 为什么平均分 10 份?

生:因为 1 里面有 10 个 0.1。

师:谁听懂她这句话了?

生:她说 1 里面有 10 个 0.1。

师:你是怎么想到的?

生:10 个 1 是 10,10 个 0.1 就是 1,都是满十进一。

[小数基于十进制表示数量的需要,它并不是分数改写而产生的,而是自然数的十进位值制计算规则加以扩展的结果。本环节,把小数放到数系里研究,借助学生课堂生成的数据,让学生辨析讨论,进而明白:以"1"为基本单位,根据满十进一的道理,计数单位向大的方向延伸就得到了单位

为十、百、千等整数，朝小的方向延伸就是退一当十，得到了 0.1 这样的单位。]

（二）明晰小数和分数的关系

1. 一位小数与十分之几的关系

（课件演示：将正方形依次平均分成 3 份、4 份、10 份）

师：谁猜对了？

生：0.7。

师：你们怎么看出来她猜对了？

生：因为它分成 10 份，每份是 $\frac{1}{10}$，也就是 0.1，涂色的部分刚好有 7 份。

师：接下来的这个正方形，涂红色的有 4 份。

生：0.4。

师：同意吗？你怎么知道的？

生：因为把 1 平均分成 10 份，每一份就是 0.1，涂了 4 份就是 0.4。

师：请上来领礼物，把你的礼物给大家展示一下吧。

（学生展示如下图）

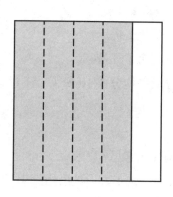

生：我不同意！

师：你鼓掌了怎么又不同意？

生：我后来才发现不对。

生：因为既然是小数，那应该是平均分成 10 份，如果是分成 5 份我认为不对。

师：那我这里涂色部分确实是 4 份啊。

生：这样可以用 $\frac{4}{5}$ 表示，不能用 0.4 来表示，应该是 0.8。

师：讲道理。

生：因为如果是 1 的话应该平均分 10 份，而你只分了 5 份，你涂了 4 份，就应该再乘以 2，等于 0.8。

师：听懂他的意思了吗？是不是他说的这样啊？（电脑课件演示）把这 5 份再平均分变成了几份啊？

生：10 份。

师：现在我们一起数一数看。

生：1 个 0.1，2 个 0.1……

[第一学段认识小数时，主要借助长度单位或人民币等具体的量让学生理解小数的意义。这样的教学只是让学生理解具体情境中的小数，并没有真正理解小数的内涵。本环节借助正方形这一模型，通过猜测、说理、辨析，让学生明白，一位小数就是平均分成十份，表示这样几份的分数，理解小数就是特殊的十进分数这一本质。]

2．两位小数的产生和意义

师：还要继续猜吗？要什么提示？

生：平均分成了几份，涂了几份。

师：接下来这个正方形平均分成 10 份了，不过，涂色的比 8 份多。

生：0.9。

生：1。

师：谁明白她说 1 是什么意思？

生：1 就是 10 个 0.1，这张正方形纸已经涂满了。

师：谁对呢？请看——（出示课件）

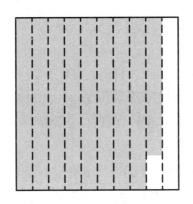

生：都不对。

师：聪明的孩子想一想，还能用小数表示吗？

（学生独立思考，写在答题单上的有 0.87、0.88。）

师：到底是 0.87 还是 0.88？怎么办？

生：把 0.1 再平均分成 10 份。

（师板书：再平均分成 10 份）

师：我们再一起来见证奇迹。（课件演示将 0.1 平均分成 10 份）

师：谁对了？

生：0.88，因为它是将涂色的最后一条平均分成了 10 份，填了 8 份，那就是 0.88。

师：我们来数一数看。这个 1 小块是……

生：0.01，我们先把 1 平均分成 10 份，它就是 0.1，然后再将每一小份平均分成 10 份，它就是 0.01。

师：那也就是把整个正方形平均分成了？

生：100 份。

师：你们怎么懂得是 100 份？

生：因为 10 乘 10 等于 100。

师：谁听懂他这句话了？

生：他说的是 10 个 10。

生：因为他先把一个正方形平均分成了 10 份，然后再把每一小份都平均分成了 10 份，10 个 10 份就是 100 份。

师：涂色的占多少份？

生：88份。

师：这0.88中的两个"8"一样吗？有什么不一样？

生：第一个"8"里面有8个0.1，而第二个"8"里面有8个0.01。

师：继续，看谁能数得出来。（课件显示增加0.01）现在呢？

生：0.89。

师：继续（再增加0.1），现在呢？请把它写出来。

师：这下有意思了，这位同学一会儿写0.9，一会儿写0.90，很是犹豫！大家觉得呢？

生：都对。

师：讲道理，为什么？

生：0.9已经满十，后面可以省略掉。

师：那为什么0.90也对？

生：因为0.90是把这个正方形划分成了100份，其中涂色部分有90个。0.9是把这个正方形平均分成了10份，涂色部分是9份。

师：掌声送给这两个同学！

师：为什么有的时候是一位小数，有的时候是两位小数呢？什么原因？

生：一位小数出现的情况下就是没有满一，两位小数出现的情况下就是已经有零点几了，比如说0.8变到0.9，没有满0.9就会出现两位小数。

生：我有补充，0.9的意思就是把1平均分成10份，而0.90可以表示把1平均分成100份。

师：那你的意思是什么时候是一位小数？

生：就是平均分10份的时候。

师：什么时候是两位小数？

生：平均分100份。

师：是吗？那也就是说小数是与谁有关系？

生：平均分几份。

生：和分母为10、100的分数有关。

［1份比0.1小该怎么表示？由此产生学习两位小数的必要性。此外，在

学生已有的认知中，分母为 100 的分数就是两位小数，但是两位小数与一位小数的十进关系仍不太清楚。为此，利用学生已有整数和一位小数的经验进行迁移，得到只要把其中 1 份再平均分成 10 份，就可以表示两位小数，沟通一位小数和两位小数之间的联系。最后，通过对比 0.9 和 0.90，寻找两者之间的共性，明晰小数和分母为 10、100 的分数有关系。]

3．认识三位小数

（课件出示：0.536）

师：在这个正方形当中能表示出 0.536 吗？同桌一起商量。

（同桌交流讨论，教师巡视参与讨论。）

生：把这个正方形平均分成 1000 份，涂 536 份。

师：你们是怎么想到要平均分 1000 份的？

生：因为 1 里面有 10 个 0.1，10 个 0.1 是 1，10 个 0.01 是 0.1，所以它必须是 10 的倍数，也就是 1000 份。

生：我觉得麻烦。因为分成 1000 份再涂 536 份的话有点麻烦了。

师：那么还有不一样的方法吗？

生：可以先把一个正方形平均分成 10 份，涂掉其中的 5 份，再把第 6 份平均分成 10 份……

师：等会儿，你说先平均分 10 份涂 5 份，这表示什么？

生：这表示的是 0.5。然后再把第 6 份平均分成 10 份，涂掉其中的 3 份。再把第六大格里面的第四小份平均分成 10 份。

师：为什么要再平均分成 10 份呢？

生：我想涂其中 6 份表示 0.006。

师：太棒了！对了（板书：再平均分成 10 份），然后涂其中的 6 份。

师：有什么收获？

生：可以不用把一个正方形分成 1000 份来解答三位小数。可以分成 10 份，然后再分 10 份，再分 10 份。

师：那这样最后的结果……

生：也是把一个正方形平均分成 1000 份。

师：那么多的三位小数，为什么罗老师不带其他，就偏偏带了 0.536？

你们猜猜，为什么呢？

生：罗老师可能是 5 月 36 号出生。不不，一个月没有 36 天。

师：即使有，把日期改成小数，意义不大吧。没关系，往下看，静静地看，看谁能够最快猜出来 0.536 跟罗老师到底什么关系。（课件演示：将小正方形拼接成一长条，形成数轴。）

生：腰带长 0.536 米。

师：为什么？

生：因为那些长条都排成了一行。

师：确实与长度有关系啦，你的想法是对的。

生：罗老师的身高是 0.536 米。

（其他学生大笑，罗老师怎么可能那么矮。）

师：笑得太早了，确实是罗老师的身高，只不过是罗老师 40 年前的身高。那么现在的身高应该是多少？我的身高里面有个数字 3。猜猜我身高是多少。

生：1.73 米。

师：确定吗？讲道理。

生：那 3 只能在这一位上。（手指向百分位）因为 3 不可能在个位，老师身高不可能是 3 米，3 也不可能在小数点后面这位，因为我都 1 米 5 多了，罗老师肯定比我高。

生：我爸爸身高 1.75 米，所以罗老师的身高大约是 1.73 米。

（教师出示 1～3 米的数轴）

师：太厉害了！找出身高位置，指出来，看谁找的对。（课件显示 1.73 米的位置）

[有了前面活动经验的支撑，对于三位小数的认识，教师大胆放手，让学生自主讨论辨析，在讲理中明晰三位小数的意义。通过比较 0.536 的两种表示方式，找到一位小数、两位小数、三位小数之间的关系，进一步感悟小数的十进关系。接着教师采用数形结合的办法，把正方形化为数轴，寻找教师身高所在点，并通过确定 3 在哪个位置，让学生结合实际生活讲理，促进小数知识的应用，培养数感。]

（三）小结拓展

师：孩子们，回过头来，三年级我们认识了小数，四年级我们又学了小数的意义，有收获吗？不过，结合今天的收获，想一个问题，在很久很久以前，是先有分数还是先有小数呢？

生：先有分数。

生：先有小数。

师：讲道理。

生：因为小数是十份十份的，就是满十进一的，这样的话就可以根据小数写出十分之一、一百分之一等等。

师：有不同意见吗？

生：我觉得应该是先有分数。因为分数都是整数，之后才会有小数。

师：这个问题我问过读初中的女儿，你们想知道她怎么回答吗？——"爸爸，先有鸡还是先有蛋？"

[课堂应该是意犹未尽的，到底是先有分数还是先有小数，这涉及小数的演变过程，是数学文化的渗透。让学生带着问题走出课堂，激发学生对数学学习的渴望和兴趣。]

【课堂思考】

在小学阶段，对于小数的认识，是从小数和十进分数的关系入手来编排教材的。学生认识小数的视角是什么？教师如何教学才能让学生把握"小数的意义"的本质？怎样才能帮助学生更好地建立小数概念？这些是教学中值得进一步研究的。

（一）追本溯源，从数的体系中整体认识小数

小数连接了十进分数与整数这两个不同的数概念，所以概念的形成有两条基本途径：通过分数的部分与整体的关系，或者利用整数的位值原理。教学时，学生必须依托分数和整数的相关知识，借助分数理解小数的意义，借助整数掌握小数的结构特征。教学中，从数数入手，让学生在活动中唤醒满

十进一的十进关系;并借助正方形怎么表示小数,通过分数的部分与整体的关系让学生理解小数的意义;最后,通过寻找数轴上的点表示小数,把小数从具体的量中抽象出来,从而真正把小数放到数系中整体认识数。

(二)有效对话,促进学生深入思考

从"学"的角度来说,对于小数的意义这样一个概念,完全放手让学生自主探索,其效果并不显著。因为其概念过于抽象,仅凭学生的思考很难触及概念的本质,这就需要教师的逐步引领。因此,在教学过程中,教师不断追问、释疑,学生不断思考、讲理,从而使教学一步步地走向深入,经历从直观表征到符号表征的循序渐进的发展。

整个教学过程,学生立足于原有的认知,对概念进行进一步的深层建构、生长,触摸小数概念之间的本质联系,在辨析、讲理中去感悟小数的本质,使概念的意义得以深化。同时,作为小数与整数紧密的联结点,十进制思想始终作为主线渗透其中,这是完整建构整数、小数体系的核心数学思想。

【课堂拾隅】

曾经在执教四年级《小数的意义》一课时,课堂出现如下片段:

师:我带来了一个正方形,如果这个正方形可以用"1"来表示,那么涂色部分你会用哪个数表示?

生:0.7。

生:$\frac{2}{3}$。

生:$\frac{3}{4}$。

生:0.8。

师:为什么你们会想到用分数和小数来表示呢?

生:因为正方形表示"1",涂色部分不到"1",所以要用分数和小数表示。

师：那到底谁对呢？怎么判断？

生：画一画，把正方形平均分成 3 份，看看涂色部分是不是占 2 份。

师：还有呢？

生：也可以把正方形平均分成 4 份，看看涂色部分是不是占其中的 3 份。

师：那 0.7 呢？

生：把正方形平均分成 10 份，看看涂色部分占几份。

师：0.8 呢？

师：为什么这两个分数一个要平均分成 3 份，一个平均分成 4 份，而 0.7 和 0.8 你们都把它平均分成 10 份呢？

生：因为平均分成 10 份，好看，好取。

我沉默了，不加置否，转向另一个举手的学生。

生：0.7 就是 $\frac{7}{10}$，0.8 就是 $\frac{8}{10}$。

当再次执教这个课，学生依然回答"好看"时，我表面依旧还是沉默，可是内心却犯嘀咕："这些熊孩子，懂不懂说话呢？好看到底是什么意思？"

课后，自己静下来思考，才发现，原来不是学生不懂数学，而是我们不懂孩子眼中的数学。孩子用他简单而朴素的语言来解释数学，而我们却无法理解他的意思。

"好看"这个简单的词，学生要表达什么？细细去分析，这个环节，我从图形"1"入手，让学生沟通小数和分数的联系，意图让学生明白小数就是十进分数。而学生的"好看"却一语道破为什么要把十分之一写成 0.1 的道理。为什么要把十分之一写成 0.1，而不把九分之一或者八分之一写成 0.1？这是因为整数具有十进制关系，根据整数的这一关系，仿照整数的写法，把十进分数写成不带分数的形式就是小数。这样的关系学生无法用语言准确表述出来，所以学生觉得"好看"的原因在于：他们已经理解了小数的出现是基于十进制表示数量的需要，所以只要平均分成 10 份，就很容易可以看出一份就是 0.1，几份就是零点几。这里学生已经明白了一位小数就是十分之几的分数了，并且已经利用已有的知识经验，有效地沟通整数、分数、小数之间的联系，用自己的语言在表述对小数的意义的理解。

> 互动赏课

数形结合，引发概念自然生长
——听罗鸣亮《小数的意义》一课有感

众所周知，"小数的意义"历来是学生理解的难点。如果仅仅是记住"一位小数表示十分之几，两位小数表示百分之几……"这些抽象的概念语言，学生显然并没有从本质上完成概念的构建与理解。怎样才能使学生真正理解0.7、0.88、0.536这些小数所表示的意义呢？特级教师罗鸣亮的精彩课堂为我们诠释了数形结合的思想在数概念教学中的重要作用。

精彩一：用不完整的色图激起认知冲突

著名数学家华罗庚说："数起源于数"。学生在认识整数时，就曾经历过逐一数数、满十进一的"数"，那么，作为数系的再发展，小数的教学，是不是也能调动起学生的学习经验，从数数开始呢？我觉得上述罗老师的教学就是有力的佐证，他巧妙地安排学生从数完整的涂色纸片到不完整的色图，让学生自然地感受到当一个物体无法用整数表示时就可以用小数表示，这样将小数的产生置于数数活动中，顺利完成了整数、1、分数、小数之间的关系沟通，将新知自然纳入已有的知识结构中。其次，罗老师在涂色块的大小选择上也很有孕伏作用，他选择的0.7同$\frac{2}{3}$、$\frac{3}{4}$接近，但是正方形图呈现检验时却又不是这两个分数，这就"逼"着学生想到必须平均分成10份，用十分之几的分数来表示，于是小数的意义与分数又实现了不露痕迹的对接。之后，罗老师带领学生"数"小数更是用心良苦，按照小数的计数单位逐个数的方法，一方面加深学生对0.7的意义的理解，另一方面通过小数计数单位的累加，帮助学生打下小数十进制的基础，真是"一箭双雕"啊！

精彩二：用不规则的色图引发概念生长

在一波三折的色图"变形记"中，罗老师犹如一位高明的魔术师，让孩子在游戏般的"猜数"中充分感受了小数概念的生长过程。回味每一次的"猜想—验证"，罗老师手中的"色图"都承载了不同的功能，演绎出各自的精彩：

最初的"涂色4份"，罗老师意在突出一位小数与十分之几的联系，学生起初单纯地根据"涂色4份"这一个条件就直接报出了0.4，但当教师演示色图后，学生发现并非他们想象中的数，这时在学生的头脑中形成了一个强烈的思维冲突，"逼"着他们要利用先前的学习经验把正方形进行重新改造——均分成10等份，这一逆向的思考过程提升了新的认识，学生充分体会到：小数是分数，而且是一种特殊的分数，与"十进分数"有关，打通了新旧知识之间的联系。之后"涂色的比8份多"中，单纯的学生再一次"上当"了，这次的"上当"也是罗老师有意而为之，他巧妙地利用学生的思维定势，再次制造了认知冲突，当学生发现一位小数已无法表示色图时，自然地产生了要把正方形再等分10份的需要，从而实现了从一位小数到两位小数的"无痕"过渡。此外，0.88这个数的选择也别有深意，结合色图让学生直观地认识小数，不仅形象地表达出两位小数的抽象意义，而且两个"8"的正确解读也有效孕伏了小数的位值概念，这样将意义与数位有机结合的认数方法也正是学生学习整数时曾有过的经历，伴随着小数概念的生长，学生在认数领域的经验又随之发展了。最后的色图演绎中，学生对小数已经积累了丰富的认知经验，顺利地推导出"0.90=0.9"，并自主辨析了两个小数的不同含义，为之后学习小数的性质打下了扎实的基础。

罗老师精心设计的"色图变换"将直观图示、十进分数、小数意义三者紧密结合，让学生在图示的表达中理解了数的概念，在图示的变化中感受了数的变化，使得小数意义的认识不再是浮于表面，而是直观可感，达到了认识数学概念本质的目的。

精彩三：用变式型的色图沟通表征方法

在创造0.536的环节中，罗老师首先通过色图的演示来检验学生对小数意义的理解，当学生按自己的理解回答出"把正方形先平均分成 10 份，涂色 5 份，表示 0.5；再把第 6 份平均分成 10 份，涂色 3 份；最后把第 6 份的第 4 小份平均分成 10，涂色 6 份"时，表明他们对一位小数、两位小数、三位小数的意义理解已经十分到位了。其次，在 0.536 的色图中，学生直观地看到了三位小数的组成，清楚地理解了 0.536 中有 5 个 0.1、3 个 0.01、6 个 0.001，色图中对"正方形平均分成 1000 份，取其中的 536 份"的动态演示，还有效沟通了数的意义与组成之间的联系。再者，罗老师引出了数轴，让学生在找数中体会到"数"与"点"的对应关系，这一"色图—小数—数轴"的演绎过程完整展现出小数的不同表征方式，使得学生对小数的概念有了更深刻、更全面的认识和理解。最后，罗老师还非常重视学生数感的培养，将自己的身高巧妙地融入猜数游戏中，激活了学生的生活经验，让他们能够自觉地联系实际来辨析、推理，不露痕迹地达成"在具体情境中选择合适的数"的数感培养目标。

整节课，伴随着直观图的使用与呈现，学生不断经历着从"眼中有图"到"脑中有图"的过程，感受了数概念的生长；在色图变幻引发的认知冲突中，学生不断激活着自身的知识经验，对小数意义的理解趋近深入，直达本质，真是妙不可言！

(浙江省宁波市海曙区镇明中心小学　　杨　宏)

第三讲 "理"清本质，深化内涵
——以《长方形的面积》为例

【课前思考】

本节《长方形的面积》是一节图形与几何领域的新授课，在新课改背景下，图形与几何领域的价值取向发生了一些变化——由"计算几何"向"空间几何"转变，除了教学一些计算技能外，还有一个很重要的目标就是发展学生的空间观念。因此，像"长方形的面积"这样的老题材也被赋予了新的内涵，在教学中除了让学生掌握长方形和正方形的面积计算方法外，还要发展学生"面积计量"的空间观念。而"面积计算"的本质是什么呢？任何一种图形的面积计量，其本质都是"单位面积的累加"。抓住这一本质，在突破难点和培养空间观念方面开辟了崭新的视角。

【课堂回放】

道理，在渐行渐悟中明晰

背景：

在一次偶然中，和几个五年级学生对话："你知道长方形的面积怎么求？""长乘宽啊，谁不知道！""为什么用长乘宽呢？""这又没有考！"同样的问题再问一个硕士毕业的同行，也是满脸尴尬："是哦，为什么是长乘宽？这个问题我的老师好像没有讲过啊。"

后来有机会观摩了几节《长方形的面积》，课堂中师生快速推导出长方形的面积公式，然后用大量时间进行各种巩固练习。学生牢记公式，熟练应用，教师胸有成竹，教学过程流畅，一派祥和，整个课堂皆大欢喜。课后访谈时，执教教师大部分认为：这节课知识点简单，还是比较好上的，学生也比较容易掌握。

回想之前的对话，引发我陷入深深的思考：这节课真的好上吗？学生真的理解长乘宽的道理了吗？这节课除了公式，我们还应该给学生留下什么？这些思考引发了我对《长方形的面积》一课的研究兴趣。

数学教学不但要向学生展示既定的数学知识，而且必须能够解释其中的道理。面积作为事物的一种属性，和长度一样，是可以度量的。将一个二维图形的表面度量以后，用一个"数"表示它的大小，就是该图形的面积。长方形的面积其本质在度量，而这一个"数"指的是所要度量的长方形里含有多少个这样的面积单位。为此，本课应从面积的本质入手，围绕"面积单位和面积的关系""行、列格子数和面积的关系""长、宽与行、列的对应关系"，立足学生已有的认知基础，唤醒学生丰富的生活经验，创设富有张力的问题情境，促进学生对知识进行深层思考，逐渐顿悟长方形面积公式的由来，从而获得对知识本质内涵的理解。

教学过程如下：

环节一：交流"辨"析，沟通联系

1. 感知面积单位和面积的关系

师：信封里有一个图形的面积是 3 平方分米，猜猜它是什么图形。

生：长方形。

生：这个长方形长 3 分米，宽 1 分米。

师：你怎么知道？

生：这个长方形有 3 个 1 平方分米，横着放长是 3 分米，宽是 1 分米。

师：（出示图 1）看看你们猜对了没有。

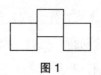

图 1

生：没有，我们都猜长方形。

师：那它的面积是 3 平方分米吗？

生：是，因为它由 3 个 1 平方分米组成。

师：（出示图 2）这个图形的面积是多少？

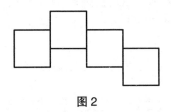

图 2

生：4 平方分米，因为它由 4 个 1 平方分米组成。

师：有一个长方形是由 6 个面积是 1 平方分米的正方形拼成的，你能想象它的形状吗？

生：6 个正方形横着组成一排。

生：每行 3 个 1 平方分米，排 2 行，二三得六，是 6 平方分米。

师：这两种长方形形状一样吗？面积呢？

生：形状不一样，面积一样，都是 6 平方分米。

师：讲道理，为什么？

生：因为它们是由 6 个面积 1 平方分米的正方形拼成的，所以它们的面积都是 6 平方分米。

2．感悟行、列的格子数和面积的关系

师：（出示图 3）这个长方形的面积是多少？

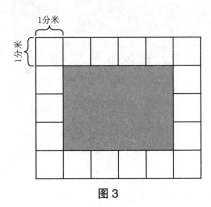

图 3

生：12平方分米。

师：你是怎么懂的？讲道理。

生：因为它一行有4个，3行有12个面积1平方分米的正方形，所以面积是12平方分米。

师：掌声祝贺他，因为他懂得讲道理。

师：（出示图4）这个长方形的面积又是多少？

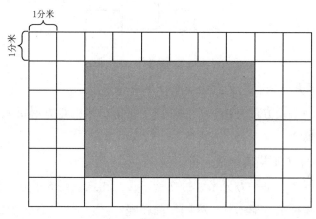

图4

生：24平方分米，因为每行6个，4行有24个，面积就是24平方分米。

师：真棒！也会讲道理，继续！（出示图5）

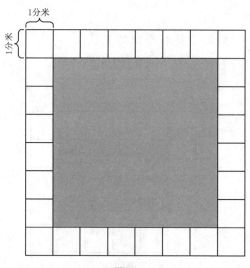

图5

生：每行有6个小正方形，有6行，总共36个，是36平方分米。

师：这个图形特殊吗？

生：它是一个正方形。

3．领会长、宽与行、列格子数的对应关系

师：谁知道它的面积？（出示图6）

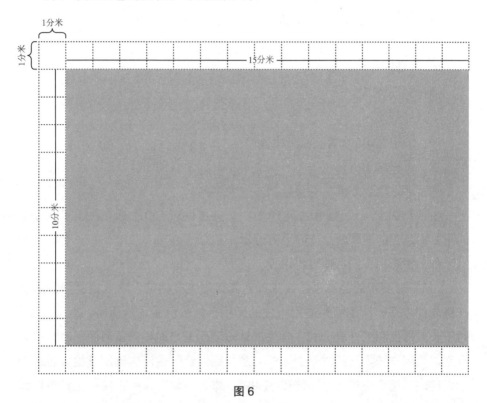

图6

师：（巡视，找没有举手的学生，俯身问）他们都举手，你为什么还没举手呢？

生：（迟疑片刻）150平方分米。

生：我知道他为什么举手慢，因为他一个一个数，长有几个格子，宽有几个格子。

师：你是怎么想的？

生：我直接看，有15列和10行，15乘以10就是150。

师：直接看行吗？

生：行！长 15 分米，可以摆 15 个。

师：为什么长 15 分米就可以摆 15 个？

生：一个小正方形的边长 1 分米，长 15 分米就可以摆 15 个边长 1 分米的小正方形。

师：我们一起数，1、2、3、4……15，一行正好 15 个。如果是 20 分米呢？

生：一行可以摆 20 个。

师：50 分米呢？

生：那就摆 50 个。

师：图中宽 10 分米，说明什么？

生：可以摆 10 行。

师：那这个长方形总共可以摆多少个？

生：长摆 15 个，宽可以摆 10 行，一共可以摆 150 个面积是 1 平方分米的正方形，它的面积就是 150 平方分米。

师：精彩！你们都懂得讲道理。

[长方形面积的公式是怎么来的？其道理究竟何在？这要追溯到面积这一概念的本质，所谓面积是用相应的面积单位去度量，从而得到度量结果。对于长方形面积的计算公式，学生的认知障碍是：面积单位与面积、长宽与行列、面积与长宽三组数量之间的对应关系。让学生深刻理解三组数量之间的内在联系是突破这一认知障碍的关键。本课中笔者没有直接用面积单位铺摆图形，而是巧妙地借助格子图让学生直观感受，反复悟理，深刻理解长方形的面积就是求该图形里含有几个这样的面积单位。同时，长方形素材的呈现方式也不断变化，引发学生自主探究，寻找解决问题的办法。学生的思考层层深入，渐渐明白不用数格子，直接根据长、宽的长度来想象每行摆几个，摆几行，再用长乘宽计算总共摆多少个单位面积。学生自主探索、讲理辨析、推理领悟长方形面积的本质。]

环节二：操作"探"析，领悟本质

师：(出示图7)谁来说说这个长方形的面积？

生：看一下就知道，大约是20平方厘米。

师：小时候可以猜，长大了要讲道理。

生：量它的长和宽。

师：(语气质疑)计算这个图形的面积，你为什么去量它的长和宽呢？

生：用尺子量它的长和宽，乘一下就知道它的面积了。

图7

师：每个同学的作业纸上都有一个一模一样的长方形，看看谁有办法求它的面积。

(学生动手操作、计算，教师巡视指导，稍后学生反馈结果。)

生：这个长方形面积是20平方厘米。

师：讲道理。

生：长5厘米，一行摆5个1平方厘米，共4行，四五二十，就是20平方厘米。

生：我的想法差不多，边是厘米，面积只能是平方厘米。

师：为什么？

生：它的长是5厘米，放下5个1平方厘米的小正方形，宽是4厘米就有4行，乘一下，就有20个边长1厘米的小正方形，面积是20平方厘米。

师：对了，长乘以宽表示可以摆多少个这样的单位面积，这样就知道这个长方形的面积了。

[由于用数格子直接计量的方法在度量面积操作层面存在许多的不方便，因此人们需要"先计量与被测量的量相关的其他的量，再通过一定的运算得出被测量的量的大小"。当学生通过量长和宽的长度来计算面积时，教师巧妙地追问"计算这个图形的面积，你为什么去量它的长和宽呢"，直逼面积

公式的本质，学生在讲道理中发现，长方形面积公式就是先用选择的单位去量得长、宽的长度，通过想象长度所对应的行列格子数，再把量得的量数相乘，从而得到一个具体的"数"，这个数就是该长方形的面积。让学生在讲理中顿悟出长方形面积公式的道理，使面积公式的出现水到渠成。]

环节三：拓展"延"析，渗透思想

1. 拓展练习，体验极限

师：还有一个长方形，面积也是20平方厘米，但和它的形状不一样，猜猜这个长方形的长、宽会是多少？

生：长是10厘米，宽是2厘米的长方形。

生：长是20厘米，宽是1厘米的长方形。

师：讲道理。

生：因为10乘以2等于20，20乘以1也等于20。

师：这个长方形的长还有可能比20厘米长吗？

生：不可能。

师：为什么？

生：因为只有20个，只能摆成1行。

生：有可能，把它横着分成两半，宽是半厘米，长就是40厘米。

师：长还有可能超过40厘米吗？

生：有可能，再把它横着分成两半，长就是80厘米。

师：还有可能比80厘米更长吗？

生：有。

师：为什么？

生：因为还能继续分。

师：那你觉得，这个长方形的长可能是……

生：可能是160厘米。

生：还有可能是320厘米。

生：还可以一直分，分到没有尽头的。

[数学教学留给学生的不能只是单纯的一种模式或一种思维方式，而应

该培养学生思维的发散性和创新性。教学中,教师通过让学生猜想,面积是20平方厘米的长方形,它的长可能是多少,突破了以"整数个"面积单位计量的常规思维,让学生在辨析中说理,促进对面积公式意义的深入理解,同时又渗透了极限思想。]

2. 变式延伸,深刻思维

师:信封里还有最后一个长方形,这个长方形每行有4个正方形,有2行,谁知道它的面积?

生:8平方厘米。

生:我认为可能是8平方分米,也可能是8平方厘米,不可能是8平方米。

生:还可能是8平方毫米,甚至更小。

生:8这个数字是确定的。

师:(出示图8)你说对了吗?

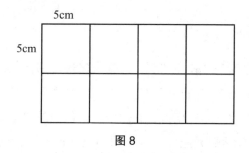

图8

生:没有。

师:错哪儿了?

生:小正方形的数据没讲清楚。

生:我们认为每个小正方形的面积是1平方厘米或者1平方分米,这个不是。

师:是的,那现在这个长方形的面积是多少呢?

生:(恍然大悟,计算得出)200平方厘米。

……

[当度量标准发生变化时,长、宽相乘所得出来的"个数"并不一定是

长方形的面积，教师通过对度量标准单位的巧妙改变，诱发学生在错误中深入思考面积度量的本质，避免学生数学学习的惯性思维，使学生对长方形面积模型的理解更为深刻。］

【课堂思考】

研读教材，因需而教

本节课设计，我尝试把各教学目标简化在变化的图形的情景中，有意识地通过构造图形，图解问题的表征，适时适度地设计学生寻求解法的数学活动。学生从整体把握了长方形面积的问题，创造性地思索问题。正如美国数学家斯蒂恩说的："如果一个特定的问题可以转化成一个图形，那么，思想就整体地把握了问题，并能创造性地思索问题解法。"我在设计时作了如下的思考。

选课——为什么上这节课？

长方形的面积等于"长×宽"，这是天经地义的知识，但为什么是这个公式？这个公式是怎么来的？算理是什么？厘米乘厘米等于平方厘米？长方形的面积计算作为教学内容来说，它的学习价值只是让学生知道公式吗？毕达哥拉斯说："在数学的天地里，重要的不是知道什么，而是我们怎么知道什么。"我们要成为一个"讲道理"的数学老师，少一些"不讲道理"，多一些"有根有据"！

研读——如何读懂教材？

研读教材，适当加以取舍和组合，择其善者而从之，选择一种较适合学生的教学内容和方法。不仅要站在教师的角度读，更要站在孩子的角度读。不仅要从学科知识体系、逻辑结构、编排顺序上整体把握，也需兼顾单元内容、课时内容，乃至知识点的细节处理，还要结合孩子的实际情况，进行教学决策。

研读教材，还要关注新知和旧知的联系，即新知和学生原有经验的联结点，把知识结构转化为个体的认知结构；努力思考面对教学内容学生会怎么想，会遇到哪些困难和问题，学生会有哪些思维障碍，如何把解决问题的思维过程、思考方法向学生展示，怎样安排教学程序更利于学生的理解和接受，用怎样的方法与手段更利于激发他们的主动性和积极性，如何发现和获取知识的问题……这样才能有目标地把学生带入数学的殿堂。

设计——为什么这样构思？

本节课教学设计要处理好几个本质关系：单位面积和面积的关系，行、列格子数和面积的关系，长、宽与行、列的对应关系。史宁中教授说：我们现在的教育本质上是知识的教育，我们理想的教育应当是智慧的教育。长方形面积公式在小学数学面积推导公式中属于最基础的地位，属于公理化或原理的地位。教学中，让学生猜各种结果，倒着想趣味横生，有挑战性，让学生不断地猜，不断地否定，不断地重构面积推导的关键因素。面积单位，长宽相乘的含义，不仅有简单的运算，其实在解决的是，为什么长方形的面积等于长乘以宽。最后的题目，更是直指问题本质，长方形面积公式的本质是：每行的个数乘以行数算出的仅仅是一共有多少个正方形，每个正方形必须是标准的面积单位，才是面积的大小。

课堂，我做到了什么？

1. 关注本质，指导学生明理

小学数学学习内容，包括四则运算法则、定律、性质、公式等规则。对这类最基础的数学知识，教师要有意识地帮助学生抛开外在的表面形式，直观理解形式中所包含的基本内容，明晰其本质。因此在本节课的教学中，通过变化图形，让学生猜一猜信封里的图形，数一数图形的面积，再说一说之后每个长方形的面积，学生在说理中沟通面积与长方形面积的联系，从而明白长方形面积的本质含义。

2. 深入追问，促进学生讲理

孔子说过，"不愤不启，不悱不发"。课堂提问把握时机最重要，教师要善于抓住问题的本源，顺应学生的认知规律，围绕主题合理追问，层层深入，让学生在追问中讲理，在辨析中明理，以达到探清问题本质的目的。提出的问题越有挑战性，越能诱发学生的探索欲望。本节课教学中，教师屡屡追问："你为什么还没举手呢？""计算这个图形的面积，你为什么去量它的长和宽呢？""这个长方形的长还有可能比20厘米长吗？"……促进学生深层剖析、讲理，引发学生深入地思考问题后面的道理。

3. 有效变式，激发学生辨理

史宁中教授说："智慧并不表现在经验的结果上，也不表现在思考的结果上，而表现在经验的过程，表现在思考的过程。"课堂如果总是一种模式、一个标准，教师的教学是学生可预测的，那么教学容易让学生形成定势思维，为此教师在课堂教学中要采取有效的变式教学，既要关注"水平变式"，让学生明白"生活的理"，更要关注"垂直变式"，让学生明确"数学的理"。本节课教学中的几个"意外"，打破学生原有的思维方式，激活学生从多角度、多侧面、多方位大胆尝试，提出合理、新颖、独特的解决问题的方法。学生不仅能立足生活经验讲理，而且数学思维的深刻性也有极大的提升。

数学学习不仅让学生获得数学知识，而且要立足学生已有的生活经验和知识基础，让学生通过思考、辨析、讲理，感悟获得数学基本结论，建构数学知识体系。讲道理的课堂就是把时间留给学生讲理，把空间还给学生明理，让学生在讲理中提升对数学本质的认识，在明理中提高学生思维的深刻性，促进学生养成追根溯源的数学精神。

互动赏课

渐行渐悟，渐悟渐深
——罗鸣亮《长方形的面积》教学赏析

罗老师每次的课总留给听课老师深刻的印象：简约的素材，独特的教具，风趣亲切的言语，蹲下来和学生有爱的交流，睿智大气的设计……罗老师每次追寻的课堂又岂止是这些？让我们走进罗老师的《长方形的面积》，去深刻领会他和孩子们的又一次精彩。

一、从度量入手，理解面积的本质

学习"长方形的面积"是学习"面积与面积单位"的延续。罗老师准确地把握住学生的真实起点，用诙谐幽默的话语吸引学生。首先让学生猜3平方分米的图形，当学生都猜是长方形时，罗老师却出示了一个不规则图形，目的在于防止学生的思维定势，让学生从"规则化"浅显的认知走向数学的本质，从中感悟不管是什么图形，相同单位面积累加得到的总面积都是相同的，如果再增加一个，总面积就随之增加一个单位面积。同时又让学生隐约感悟到平面图形的面积指的是封闭图形的大小，它的面积都可以用单位面积去测量，不受它的形状、边线的影响，这种深远的思考既为下面的教学环节作了铺垫，也为学生后续学习面积与周长概念的区分作好了孕伏。

二、层层抽象讲理，感悟对应关系

在探究6平方分米的长方形时，罗老师一改以往告知长和宽求面积的做法，也没有要求或询问学生怎么拼摆，而是继续让学生去猜是怎样的长方形，这种新颖的设计激发了学生主动地在脑海中用1平方分米去拼摆，发展学生的空间想象力。更令人叹为观止的是，在教学6平方分米、12平方分米、24平方分米、36平方分米时……罗老师都是让学生充分地"讲道理"：每行有几个？有几行？一共有几个1平方分米的小正方形，面积总共是多少平方分米？由长方形到正方形，再到更大的长方形，借助方格图，不断增加数量，从已知面积猜图形到根据图形猜面积等，使学生慢慢地领悟到长方形的面积就是看每行摆几个单位面积，有几行，算出总个数，总个数是多少面积就是多少。到150平方分米这一更大的长方形时，罗老师紧紧追问学生：为什么长15分米就可以摆15个？图中宽10分米，说明什么？让学生自主地去联系长方形的长和宽，进一步让学生弄清每行摆单位面积的个数与长方形"长"的单位长度个数之间的相等关系，以及可以摆的行数与长方形

"宽"的单位长度个数之间的相等关系。

三、于本质中追问，明晰公式道理

在逐渐形成长方形的面积计算方法后，罗老师直接出示一个"光秃秃"的长方形（长宽未知，也没有方格图），让学生计算它的面积。这看似一道用来检验学生对长方形面积掌握情况的简单练习，却很好地揭露了学生的思维。即使罗老师没有给予任何信息，基于前面充分的感触，学生能自己积极主动地进行思考，马上意识到长方形面积与长和宽有关，要想知道长方形面积就得先知道它的长和宽。罗老师却提出疑问：计算这个图形的面积，你为什么去量它的长和宽呢？让学生再一次进行解释，使学生对长方形面积的认识逐步走向深刻，在"每排面积单位的个数、排数"与"长、宽"之间建立起对应关系。在计算面积时，只要用"单位个数"相乘，也就是长和宽相乘，就能求出一共有多少个单位面积。同时罗老师又进行巧妙的变式，让学生猜面积是 20 平方厘米的长方形还可以是怎样的形状，长可以是几，宽是几。不时地逼问，让学生感悟到面积相等的不同形状的长方形，宽越短，长越长，多次的等积变形再一次强化对"长方形的面积＝长×宽"的理解。最后学生水到渠成地总结出长方形的面积计算方法，彻底领悟为什么长方形的面积是"长×宽"。

四、突破思维定势，让思考走向深处

在最后环节，罗老师还是用信封里神秘的图形将课堂推向高潮，仅仅是一个简单的问题：这个长方形每行有 4 个正方形，有 2 行，谁知道它的面积？学生振振有词，认为是 8 平方分米或 8 平方厘米或 8 平方毫米，再加上"8 这个数字是确定的"一句，已经是很完整的答案。因为整节课围绕着面积是 1 平方分米、1 平方厘米的正方形这样的单位面积展开，学生已刻骨铭心。哪知罗老师"幽"了学生一招，出示了一个不是单位面积的正方形引发冲突，激励学生更深入地思考。孩子们"上当"了，听课的老师也被"骗"了。然而，长方形面积应该是几？该怎样计算呢？学生恍然大悟：先计算边长为 5 厘米的小正方形的面积，把 25 平方厘米的正方形看作"单位面积"，

这个长方形有8个这样的正方形,所以面积是200平方厘米,学生已悟得很深、很远了。当有学生再一次提出这个长方形面积也可以是2平方分米时,罗老师尊重学生,让他讲道理并适时抓住契机,与下节课内容"面积单位之间的进率"进行沟通联系,将课堂进行拓展延伸,把学生的思绪带往更深更远处……

罗老师用一个朴素的信封和几个图形贯穿课的始终,独具匠心的构思,将新授与练习融合,不仅使学生掌握了长方形的面积计算的知识,更为重要的是让学生在课堂中不断体验,不断感悟,亲身经历长方形面积计算公式形成的全过程。这种高瞻远瞩、崭新的视角,促进发展了学生的空间想象力,使学生积累了探索面积策略的活动经验,为后续探索表面积、体积等方法提供了借鉴,对学生未来的可持续发展产生较大的影响。

(浙江省台州市临海市杜桥镇凤山小学　周爱芳)

第四讲　出其不意，智慧交融
——以《平行四边形和梯形》为例

【课前思考】

学生对图形的表象的建立是一个由表及里的过程，平行四边形和梯形这两个图形对于学生来说并不陌生，如果仅单纯地以观察对比去认识它们，那么这样的认识就会缺乏思维的深刻度。因此，在数学课堂中，我们要致力于有效地引导学生通过自身的内心体验、思维活动、操作过程去触及数学本质，要充分挖掘各图形的联系，通过变化图形的表象，促进学生层层深入地剖析道理，让学生体会到不同图形的联系和逐层递进的关系，让讲理更为深刻，从而增强学生的数学思考能力。

【课堂回放】

关注原有经验，聚焦概念本质

背景：

《平行四边形和梯形》一课，是在学生直观认识了四边形，初步掌握了长方形和正方形的特征，认识了垂直与平行的基础上进行教学的。且平行四边形和梯形在日常生活中应用广泛，学生头脑中已经积累了一定的表象，但对其特征的认识尚处于零散、非理性的直觉判断。因此，本节课教学要预设、提炼有效问题，在正视学生原有的认知水平和已有的生活经验的基础上,使学生投入到有意义地探究平行四边形和梯形特征的活动中。

课堂实录:

(一)在分类中初步认识——让教学从学生已有经验出发

师:今天给大家带来8个图形(如图1所示),它们都是?(生:四边形。)请给它们分分类。

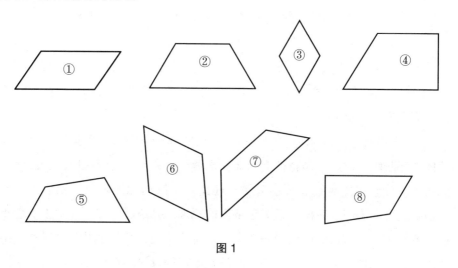

图1

(学生操作,教师将8个图形贴在黑板上,组织交流。)

生:分成两类,①、③、⑥是平行四边形,②、④、⑤、⑦、⑧是梯形。

生:我不同意。我觉得②、④、⑦是梯形,应该分成三类。

师:你凭什么说它(指图形⑤)不是梯形?

生:因为梯形的上下两条边是互相平行的。⑤上下两条边不平行。

师:大家看一看,⑤上下两条边无限延长。(以手势示范)

生:相交了。

师:(拿起图形②)是梯形吗?为什么?

生:是,因为它的上下两条边是平行的,左右没有平行。

(教师拿出图形⑦,并将它旋转,使左右两边平行。不断变化位置后提问:为什么是梯形?)

师：（拿起图形⑧）为什么不是梯形？

生：不符合只有一组对边平行的要求。

（此时，黑板上的图形分成了三类。）

师：（指着既不是平行四边形又不是梯形的图形⑤与⑧）能不能也给它们取个名字？

生：四边形、不规则四边形……

师：刚才我们认识了梯形，梯形与平行四边形有什么不同？

生：梯形只有一组对边平行。

师：请同学们在点子图上画一个与众不同的梯形，你们准备画什么样子的？

（展示有特点的梯形，例如上边长、下边短，并将直角梯形进行不同位置的摆放等，请学生一一加以确认。）

[对于平行四边形和梯形的认识，学生并非一无所知，但其认识仍处在整体认知阶段，对边、角特征的感知尚未清晰。为此，在课始阶段，出示多个图形，让学生立足已有经验分类，在比较中感悟梯形与平行四边形、不规则四边形的不同，突出一组对边平行的属性。并通过变式，让学生讲理辨析，突破了原有对梯形的认识——上、下两边平行，将其上升为"只有一组对边平行"的数学化表达。再通过画与众不同的梯形，在众多"不同"中强化梯形的本质属性。这样的教学，是从对图形的基本经验的认识，抽象出图形的本质特征，从而促进对图形理性认识的飞跃。]

（二）在"特殊"中深化理解——排除生活经验的干扰

（教师拿出一个信封，如图2。）

师：这个信封里装着四边形，猜一猜这个四边形可能是什么图形。

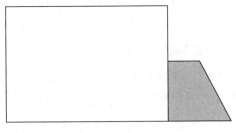

图2

生：平行四边形。

生：梯形。

师：为什么不说是不规则四边形呢？讲道理。

生：因为这个图形中有一组对边平行。

师：是什么图形呢？你们可以抢答，谁答对了就送给谁。

生：平行四边形。因为它有一组互相平行的边。

生：或者是梯形。

（教师继续往外抽，露出第三个角。）

生：平行四边形，因为都是朝着一个方向斜的。

（此时，教师不紧不慢地抽出图形，如图3。）

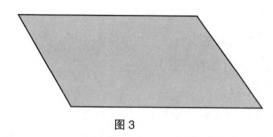

图3

生：真是平行四边形！

（教师将该图形给一位回答的学生，但另一位学生说不同意。）

师：讲道理，为什么你不同意送给他？

生：因为它有两边不是同一斜度的。

（教师走到该生面前，生用手做动作：向上延长左右两边，它们相交了！）

师：他的动作说明什么？

生：相交！

师：那它还是平行四边形吗？它是……

生：是梯形。

师：为什么？

生：因为只有一组对边平行。

［得到只有一组对边平行的四边形是梯形这一概念，学生是否真的就理解了呢？借助一个信封，慢慢地抽出图形，学生根据梯形和平行四边形的特

征不断地猜测信封里的图形。此时，教师通过出示一个与平行四边形类似的梯形，让学生产生不同意见，在冲突中讲道理。学生借助梯形的特征进行讲理辨析，真正从本质上把握了图形的特征。]

（三）在冲突中突破——自主建构知识体系

师：信封里还有四边形，猜对的也可以送给你。可是不露出来了，你们最需要什么提示？同桌商量。

生：它有几组平行线。

师：这个提示好不好？好在哪里？

生：如果它有两组对边平行就是平行四边形，只有一组就是梯形。

生：如果没有就是一般的四边形。

师：对了，我们就是按照这个标准给四边形分类的。

（教师打开一点自己看一看）

师：有两组平行。

生：(迫不及待)平行四边形！

师：有没有可能是其他图形？（生摇头）

（经由一段时间的等待，教师拿出信封里的图形——长方形。）

师：能送给这位同学吗？讲道理。

（学生间出现不同意见）

生：平行四边形有一组对边是斜的。

生：(边说边比画)我不同意。因为平行四边形有两组平行线，长方形也有两组平行线，长方形是一个特殊的平行四边形。

（听课教师一齐鼓掌）

师：老师们为什么要给她掌声？

生：她说出了平行四边形的特征，两组对边平行。

师：如果通知所有的平行四边形来开会，长方形要不要来？为什么？它特殊在哪里？

生：要来。特殊在它的四个角都是直角。

["长方形是特殊的平行四边形"这一知识点，看似简单，对学生来说却

存在一定的认知难度。在知识建构中，长方形就是长方形，平行四边形就是平行四边形，它们各有不同的特征，而其共同特征却是学生不容易发现的。所以当学生听到两组对边平行这个特征后，马上想到了平行四边形，而教师拿出的是长方形时，与学生认知出现了冲突，对于长方形是不是平行四边形学生进行了争论。最终，学生根据平行四边形的特征，说明为什么长方形是特殊的平行四边形这一道理，突破了认知障碍，让知识建构更为清晰。]

（四）在想象中沟通联系——让练习促进思维发展

师：最后一个四边形是我女儿送给大家的，放在信封里，一起来看看是什么四边形。（拿出一个三角形，如图4。）

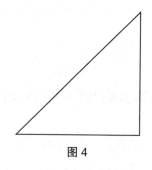

图4

师：别急，我女儿把这个图形分成了两部分，猜一猜原来是个什么图形。

生：正方形。

生：也可能是平行四边形。

师：说说你们的想法。

（生说想法后，师拿出来一个直角梯形，如图5。）

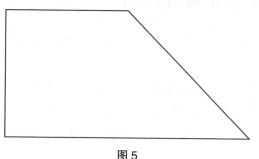

图5

师：两个图形能拼成什么四边形？

生：长方形。

师：还可能是？

生：可能是梯形。还可以拼成平行四边形。

生：还可以拼成三角形。

师：这些图形之间都有密切的关系。

[一堂课的活跃，不是表面的热闹，而是学生思维的活跃。问题的开放，给学生的思维提供了生长的空间。在操作与想象的过程中，学生的空间思维能力与推理能力得到培养。利用信封进行猜测，在图形之间不断转化，为面积的学习积累了数学活动经验，发展了空间观念。这样发挥了学生的主体作用，促进了学生深入思考，有效培养了学生的空间观念。]

【课堂思考】

提炼有效问题，构建讲理课堂

数学课堂应该是外显简约而内涵深刻的，充满思维张力、情感张力与智慧张力。提炼有效问题是构建讲理课堂的前提和保证，决定着课堂中学生的思维走向及思维发展的广度和深度。在有效问题引领下，不仅可以激发学生探究问题的兴趣，激励他们主动、自觉地参与到学习中，而且也有利于学生认知及思维水平由表及里、由浅入深。现结合《平行四边形和梯形》一课的执教过程，简叙有效问题提炼之思考。

（一）基于基础性和学科性的提炼

《数学课程标准》（2011版）提出："数学教学应该从学生的生活经验和已有的知识背景出发，向学生提供充分的数学活动和数学交流的机会，帮助他们在自主探索的过程中真正理解和掌握基本的数学知识和技能、基本的数学思想和方法，同时获得广泛的数学活动经验。"要解决学生现有的认识水平与教育要求之间的矛盾，就要求教师在备课时需要思考"对于新授内容学生可能已经知道了哪些""新知解决中可以借鉴的生活与学习经验有哪些"等问题。

基于以上思考,教师创设了"猜图形"的活动,教师所提供的素材和提炼的问题很大程度上决定了学生参与的投入程度及思维的深刻程度。此处教师提供了一个生活中并不常见的特殊梯形,并要求学生讲道理,说明为什么是梯形,帮助学生再次将目光聚焦于观察所出示图形的两组对边的特点。相比较于"一目了然"的图形,这种"模棱两可"的图形更能提高学生的关注度。学生在交流中,抽丝剥茧般明晰:梯形是只有一组对边平行的四边形。

(二)基于导向性和探究性的提炼

亚里士多德说:"思维是从惊讶和问题开始的"。探索是数学的生命,问题是数学的心脏,课堂中恰当的问题能激发学生探索的欲望,启发学生的思维,达到设疑、激趣、引思的作用。比如,在学生明确了什么样的四边形是梯形与平行四边形后,继续"猜图"活动。但同一个活动持续开展,为了避免学生因视觉疲劳而出现学习兴趣的疲软,教师对问题的内容及呈现方式要求变、求新、求异,令原有的活动焕发新的活力。

研究证明,单纯的行为参与方式并不能促进学生高层次能力的发展,只有以积极的情感体验和深层次的思考为核心的学习方式才能促进学生的主动发展。而激励学生思考的最直接最有效的方法莫过于教师有价值的提问。如何体会"长方形是特殊的平行四边形"是本课教学的难点问题。为了突破这一难点,在学生都明确"两组对边互相平行的四边形是平行四边形"时,教师拿出的却是长方形,学生又陷入了思维冲突中。教师追问"能送给这位同学吗?讲道理",给予学生思考探索的空间,激发着学生更进一层的思辨。出乎意料的猜图,令学生经历了问题—探究—交流—新冲突—新一轮的探究的思辨过程,思维冲击一浪接着一浪,使其真正内化了长方形、平行四边形之间的从属关系。

(三)基于挑战性和系统性提炼

教师所提出的问题要"大气","大气问题"首先要是一个有意义的具有现实性的、富有挑战性的问题;其次,必须指向明确且富有开放性,它的提出要依据本节课的学习目标,针对本课的教学重难点,并能较好地沟通新知识与学生原有的认知结构的联系。

当然问题难度要适当,否则学生会望而生畏、无从下手,挫伤学生的学习信心。所以提炼的问题要有深度的同时还得考虑其坡度,要根据学习内容的需要提炼步步相因、环环相扣、层层相递的问题,循序渐进地将学生的思维引向深刻。

在教学几何图形内容时,教师要创设平台培养学生的空间观念,或想象或动手操作拼组图形是培养学生空间想象能力的重要手段。"老师古灵精怪的女儿"将准备好的四边形割成了两部分的举动吸引了学生的注意力,"原来是个什么图形"的问题也为他们打开一扇想象的大门。不同的学生可以有不同角度的思考,能拼成长方形、平行四边形、梯形,甚至还可以拼成大三角形。学生在探究交流中不仅巩固了所学的知识,更重要的是以联系与发展的眼光关注数学知识间的内在关系,使其系统化、整体化。

总之,对待课堂问题的提炼,教师心中要有学生、有目标、有策略。心中有学生,师生互动才能因爱而精彩;心中有目标,引导启发才能有的放矢;心中有策略,组织活动才能收放自如。教师的"问题提炼"是为了学生的"思维丰满"——教学过程中充满语言的吸引力、探究的动力、自主的推力、思维的张力。

互动赏课

智慧课堂,尽显灵动之美

我们解析名师课堂,常会感悟其智慧。"智慧"是指人辨析判断和发明创造的能力。其实,"智"与"慧"既有联系又有区别。深入品析罗鸣亮老师的《平行四边形和梯形》一课,我们能深刻感悟师者"智"外而"慧"中,

"智""慧"交融，尽显课堂灵动之美。

一、观课堂气象，感悟师者之"智"

"智"常常用来表示一个人的聪明程度。智力人人都有，只是程度有区别。罗鸣亮老师从目标出发，精于设计，让课堂充满了趣味。观课者从学生状态轻松活跃、目标达成简洁高效的课堂外显气象中，感受到了罗老师不同于他人的机智。

智趣——以趣引入

新课引入环节往往能定位课堂的整体基调并启发学生的思维，罗老师巧妙地把握了这一点。他的《平行四边形和梯形》一课从互动游戏中引出数学问题，学生调动已有经验，唤醒了对平行线的已有认知："什么是平行？找一找身边的平行线。""我们来做个游戏，我举起一只手臂作为一条线，请另一名同学用一只手臂做这条线的平行线。现在请这位同学平行着回到座位上，好吗？"教师引出平行线，引导学生用肢体语言演绎平行线。课堂气氛活跃，学生与教师的距离在最短的时间内拉近。教师引导学生思考、操作不着痕迹。学生加深了对平行的形象记忆，探究的目光也快速聚焦。他们的肢体在动，他们的思维在运转，此时的数学充满了智趣。

智巧——巧妙联结

在本课教学中，罗老师以板块结构推进平行四边形和梯形认识的探究活动。他首先通过课前与学生进行互动游戏，让学生理解平行线的概念；然后站在儿童的角度大胆放手让学生对8个图形进行分类，初步建构平行四边形和梯形的特征；继而通过画图形游戏让学生进一步对梯形的特征进行深入认识；最后通过猜图形的游戏进一步内化学生对于平行四边形、长方形、正方形、梯形以及一般四边形的关系建构。对几个活动进行剖析，我们可以发现，在板块结构中，它们有各自要达成的目标，在目标达成中又为下一个目标服务。对8个图形进行分类，学生调用了原先的经验，对"几组对边平行"进行了重点关注，平行四边形和梯形的概念呈现，在学生的反复抽象对比中水到渠成。"请同学们在点子图上画一个与众不同的梯形，你们准备画什么样子的？"学生带着对梯形的认识作图，自己所画的是梯形吗？别人所画的是梯形吗？因"努力"呈现"与众不同"的梯形，则使梯形的本质属性——"只有一组对边平形的四边形"在不断地辨识中深深地植入学生的心中。猜图形游戏，让学生对图形求异求联，"长方形也是平行四边形"，对长方形、平行四边形特征的认识中，学生突破了这一难点。从板块的推进中，观课者不难感受到，几大板块浑然一体，巧妙联结，共同为实现目标服务。

智思——思维延展

当学生能形象地用集合图表示四边形、梯形、平行四边形、长方形、正方形的关系时，罗老师的《平行四边形和梯形》一课并未结束。"最后一个四边形是我女儿送给大家的，放在信封里，一起来看看是什么四边形。"（呈现出一个三角形）"我女儿把这个图形分成了两部分，猜一猜原来是个什么图形。"（师拿出来一个直角梯形）"两个图形能拼成什么四边形？"问题的逻辑严密性和开放性，给学生的思维提供了延展的空间。观课者从学生的反应上看，也许会有疑问：平时看似普通的学生怎么变得聪明起来了呢？究其原因，是罗老师为其思维的延展搭建了平台，学生获得了思维能力进一步发展的知识基础、想象素材和方法指导。

二、品课堂精髓，感悟师者之"慧"

"慧"可理解为有丰富的学识，丰富的经验，在思想上有升华，有哲学的人生观和世界观，能通心神，它并未人人具备。深入品析罗老师的课堂，我们会领悟到罗老师以生为本的学生观，他顺应学情，顺势而导。教师的教是为了学生的学，但是教师往往会忘记教学的出发点。教师应保有慧心、慧眼，回归教学的本真。

慧心——因需而教

任何数学知识最初都是人们在生活和生产实践中因为需要解决具体的问题而产生的。在"需要"中学习数学，才能培养学生对数学的积极情感。罗老师善于体察学生的需要，比如他拿出一个信封，上面写着四边形，提问："这个四边形可能是什么图形？"学生陆续举手，而他没有让学生回答。他使信封边缘露出四边形的一部分——直角梯形，请学生猜一猜这个图形可能是什么，教师吊足了学生的胃口。从学生渴求答案的眼神中，我们能够感受到，罗老师组织的课堂真正地成为了学生的课堂。从教师设计的明线，转而体察课堂的暗线，我们会发觉，这条暗线就是学生的需求：学生想知道教师藏在信封里的是什么图形，自己最初的判断，如果是正确的，那说服别人的依据是什么？如果是错误的，那又是为什么？什么是平行四边形？什么是梯形？各种四边形的联系和区别是什么？学生自身有解决这些问题的需求，教师顺应需求，成了学生探究的指导者、合作者和贴心的陪伴者。罗老师成功地做到了这一点，是他心中有学生使然。

慧眼——为发展而教

《数学课程标准》（2011年版）颁布实施，明确了数学基本知识、基本技能、基本思想、基本经验并列为数学课程目标的"四基"。在引导学生掌握基本知识、基本技能的基础上，帮助学生感悟基本思想，积累基本经验是为学生后续的数学学习和终身发展服务，师者必须有这样的境界和眼光。罗老师的精彩课堂，在观察、验证、比较和归纳中闪烁着数学思想，让学生在操作的过程中掌握感悟平行四边形和梯形的概念，并运用迁移的学习方法掌握一般四边形之间的关系，从未知到已知，时时刻刻渗透着数学方法。在课的最后环节，让学生用一个三角形和一个直角梯形拼图形，将课的研究氛围推向了高潮，在"变与不变"的数学思想方法的感悟中，渗透了图形之间的等面积转化，为面积的学习积累了数学活动经验，发展了空间观念。

三、察思维涌动，感悟灵动之"美"

教师的智慧最终将服务于学生的发展。观课者最终的视角也将落到学生的身上。观罗老师的《平行四边形和梯形》一课，我们深入体察，能感悟到罗老师的课堂由外及内的"智""慧"交融，促进学生思维的涌动，学生身心自由。

涌动——学生思维活跃

数学是思维的体操。数学课堂，我们期待学生乐听、善思、能辩，思维能真实地表达，观点能真实地碰撞，通过师生间、生生间有效的争辩互动，四基的培养目标能得以达成。罗老师善于激发学生的主观能动性，善于在问题的关键环节中穿针引线，引导学生自主地思考，真正地把课堂还给了学生。在学生进行四边形分类的核心环节，教师充分放手，学生会观察，会比较，会联想，思维的逻辑性、严谨性得到了高度的体现。当学生在进行一些困难的判断时，我们听到这样的发言："这个图形看似是平行四边形，但是这两条边并不平行，把它们延长，最终它们会相交在一起，符合只有一组对边平行的特征，所以这个图形是梯形。"当大多数同学也能及时纠正自己的想法，而持相同看法时，观课者能够清晰地感受到学生"思维潮"的涌动。只有学生的思维处于活跃的状态，他们才能自主地经由归纳、演绎过程而获取知识。

灵动——学生身心自由

我们理想中的课堂状态就是让学生在知识探索中各展风采，各尽所长，互相合作，互相弥补，让学生在无拘无束、自由畅达的心境下尽情地"自由参与"与"自由表达"，从而迸发出智慧的火花。罗老师认为："学生怎么学能轻松，能快乐，能学会，我就怎么教。让学生喜欢我，喜欢上我的课是我的最高追求。"朴素的语言揭示了让学生在课堂上自由发展的最高追求。为了实现这样的自由，教师需有意识地"退"，而让学生自由地"进"。罗老师往往能在看似无意中，为学生营造"自由"的环境。在"猜图形"环节，根据此年龄段学生几何思维的发展特点，理清平行四边形与长方形的关系是难点，让学生一下子接受"长方形也是平行四边形"，是有困难的。当学生听到两组对边平行这个特征后，马上想到了平行四边形。教师反问："有没有可能是其他图形？"这时，学生都认为不可能，教师没有给出答案，而是经由一段时间的等待，让学生自由地思考。最后教师拿出的是一个长方形。学生在矛盾冲突中，思维迸发，再次聚焦于边的特征。学生在自由的争论中达成一致，对平行四边形有了新的认识，这是对原有认识的突破。

师生自由，并达到课堂的高效，应是我们最高的追求。罗鸣亮老师的《平行四边形和梯形》一课为我们提供了范本，其智慧而灵动的课堂值得我们一次次深入品析。

（福建省厦门市前埔南区小学　肖淑芬）

第五讲　数形结合，直面规定
　　——以《近似数》为例

【课前思考】

　　"数学是思维的体操"，科学理性是数学生命经久不衰的支柱；"生活处处是数学"，数学与生活的紧密联系是数学课堂教学恒久不变的关注点。近似数这一内容学生在除法试商时有所了解，对于四年级的学生来说也不陌生，难度并不大，但是，对于这节"简单"的课，如何上出"味道"？也就是说，不仅要学到新知识，且能产生进一步学习的新要求，还能获得将来学习中的能力与方法。设计教学时力求提供给学生学习的素材是贴近学生的生活实际的鲜活内容，将近似数的认识置于现实情境中。紧贴学生的"最近发展区"，围绕教学目标，层层推进，力求运用最朴实的素材引导学生经历层层递进的数学思维过程，以期达到一直以来所追求的讲道理的课堂。

【课堂回放】

　　背景：

　　"近似数"这一概念对四年级的学生来说并不陌生，他们在二年级时已初步认识简单的近似数，会简单地估数及初步用估算解决问题。但已有的估数，学生凭借的是生活经验，以及已有数感的积累，而对近似数这一概念的认知仍然处于模糊的状态。为什么要有近似数？为什么是四舍五入？看似"简单"的课，如何深入概念本质，让学生明白规定背后的道理？

课堂实录：

(一) 为什么要有近似数？

师：咱们班有多少同学？

生：46个。

师：谁知道咱们学校有多少个学生？

生：大约1800个。

……

师：1800是个什么数？

生：近似数。

师：46呢？

生：准确数。

师：请你举几个近似数和准确数的例子。

(生举例略)

师：一个成年人的头发有10万根左右，这10万是近似数吧？想一想，这里为什么要用近似数来表示呢？

生：因为这个数无法确定，所以只能用近似数表示。

生：每个成年人头发的根数肯定不一样，有可能比10万多，有可能比10万少。

生：我觉得人的头发每天都可能会掉，也可能会长，每天都不一样，所以只能说10万根左右。

生：头发根数那么多，每个人的头发都不一样，没必要也没办法每个人都去数，所以只能用近似数来表示。

(小结：生活中，有时没必要或没办法用准确数表示时，就可以用近似数。)

(二) 为什么是四舍五入？

师：罗老师新买了一部摩托车，价格大约8000元。(出示四张反扣的卡片) 猜猜看，准确价格可能是多少元？

生：可能是 8001、8002、7999……

师：还有吗？这个价格好猜吗？有没有好一点的办法？

生：可以先猜千位。

师：有条理的思考，很棒！千位可能是几？

生：7、8。

师：为什么不可能是 6、9？

生：因为它离 8000 太远了。

师：（出示数轴标出 7000、8000、9000 的位置，如下图）如果千位数是 7，那百位呢？

```
←————————————————————————————→
 7000           8000           9000
```

生：如果是 7 的话，百位可能是 0。（其他学生"啊"的一声炸开了）

生：百位应该是 9。

生：8 到 9。

生：5 到 9。

师：为什么？

生：如果是 0 的话，这个数就应该约等于 7000。

生：0 到 4 的话，近似数应该也是 7000。

生：因为摩托车价格是大约 8000 元，如果是 7040，就离 8000 太远了。

生：（依次在数轴上指出 7500、7600、7700、7800、7900 的位置）它们越来越接近 8000，（在数轴上指出 7400、7300、7200、7100 的位置）它们越来越接近 7000。

师：对了，数学是讲道理的，你们说出了为什么是"四舍五入"。

（三）怎么运用近似数？

师：摩托车的价格由 4、5、7、8 这四个数字组成，这部摩托车的价格是多少元？

生：7845、7854、8475、8457、7584……

师：摩托车的价格是 7845 元，我女儿说："这辆摩托车大约 7800 元。"

她说得对吗？为什么？

生：对，十位上是"4"，可以舍去，所以约等于7800元。

师：这部摩托车最近降价了（调整卡片位置，变为7584），你还能用近似数说出它的价格吗？

生：我觉得是7600。

师：说说理由。

生：因为"584"的十位上是"8"，所以"584"接近600。

师：还有吗？

生：7580。7584的"84"接近"80"，所以7584可以约等于7580。

生：8000，因为7584超过了7500。

师：你们怎样用四舍五入法求近似数？

（小结：省略千位后面的尾数，由百位来决定接近几千，省略百位后面的尾数由十位来决定接近几百。）

师：现在开始竞拍，谁给的价格最高，这一幅"摩托车"的图片就送给谁。当然，你给的价格必须约等于8000。

生：应该是8499。

师：能说说你是怎么想到的吗？

生：因为8500已经要往前"进"了，所以要再减1，这样就可以约等于8000。

师：有比他价格高的吗？

生：还有8499.9。

师：还有比8499.9高的吗？

生：8499.9999。（学生笑出声）

师：对了，可以靠近8500，但又不能是8500，很棒！

师：最后一部"摩托车"了。现在往下竞拍，谁给的价格最低，这部"摩托车"就是谁的。同样，你给的价格必须是约等于8000。

生：7501。

师："摩托车"给他了？

生：不行，还有比他小的，7500。

师：还有比他小的吗？

生：7499。

师：确实比 7500 小呀，车给他了？

生：错了，因为 7499 约等于 7000。

生：如果倒数的话，7500 是最小的。

生：因为比 7500 小的数就不约等于 8000。

师：哈哈，是啊，7500 已经是最小了，"车"送给你。

师：（总结）今天我们认识了近似数，这个近似数 8000，和我们以前认识的 8000 一样吗？有什么不一样？

生：这个"8000"可能比 8000 大，也可能比 8000 小。

生：也就是它有了一定的范围。

师：是的，在四舍五入的情况下，近似数 8000 表示的范围是（在数轴上指出）大于或等于 7500，且小于 8500。

（总结：其实生活中见到的很多数都是近似数，不过有的未必用四舍五入法得到，以后我们还会学到新的方法。）

【课堂思考】

数学有许多看似约定俗成的"规定"，如果追溯其源头，会发现有其自然的、合理的一面，并且是一个精心比较和反复抉择的过程，而这种选择一定是源于某个理由作出的。因而，教师在教学中要努力发掘规定背后的道理，以便让学生更好地理解和接受规定。

（一）去粗存精，结构简明清晰

张奠宙先生曾经说过："数学教学的有效性关键在于对数学本质的把握、揭示和体验。"新课标也同时指出："重要的数学概念与数学思想宜逐步深入"。

故而，教师作为学生数学活动的组织者、引导者与合作者，在对教材以及教学本质的透彻理解下，要根据学生的具体情况，对教材进行再加工，让学生经历从逐步感悟到恍然大悟的过程。把整节课的内容"去粗取精"后真正有价值的内容是什么？在思考中明晰、确定了本课的主线，即三大版块：

为什么要有近似数→为什么是四舍五入→怎么运用近似数。

1. 基于生活，激发学习兴趣

近似数在生活中的运用是非常普遍的，从学生熟悉的生活话题"身边的人数""我们的头发"以及其他生活中的近似数等等入手，让学生感受世界上的某些"量"的获取不可能是精确的。"不精确"是其本质特点，这些"不精确"的数又时刻存在于我们中间，近似数就是指这些表达事物的本质的不完全精确的数。

在看似随意的师生问答中，自然触及了教学主题——近似数，学生在这样的对话中很有共鸣，一下子既感受了近似数的含义，又明确了近似数的作用。

2. 情境朴素，彰显思维深度

有效的情境应该是朴素的，有探究价值且对学生有吸引力的，以此，在第二版块中，以"猜猜摩托车价格"这一活动为主线，通过四张数字卡片，引导学生开展观察、操作、猜想、推理、交流等活动，辅之以数轴的直观化显示功能，逆行而上，递进促思，确定出精确数的范围，自然生发和推进学生对近似数求法的感悟和四舍五入法的自主建构。学生的思维张力得到了提升，学习兴趣得到了激发，使学生能够做到从数学的角度去观察事物、思考问题。

3. 问题简练，培养应用意识

教师应立足学生已有的生活经验和知识基础，引导学生把所学的数学知识应用到生活中去，解决身边的数学问题，了解数学在现实生活中的作用，体会学习数学的重要性。在第三版块中，两道蕴含"近似数和准确数彼此转换"的练习，引导学生开展讨论，教师借助学生中有价值的问题或意见，帮助学生有效地沟通联系近似数的求法、近似数与准确数的关系等教学内容，感受到近似数在生活中的运用。

（二）巧用数轴，核心直观凸显

落实到教学中，老师必须把握具体教学内容的本质和价值，紧扣核心问题，促进学生数学理解能力和数学素养的提升。所谓核心问题应是指一节课的中心问题，是指学生无法立即解决且又具备一定的探究和思考价值的问题。

近似数所表示的是一个怎样的数？这是一个涉及数学知识本质、具有思考价值的真问题，很多学生通过学习懂得用四舍五入法，而至于为什么却不知道。

数学家哈尔莫斯曾说：问题是数学的心脏。如何引领学生叩响数学的心脏，如何发展学生的数感？在本课教学中，作为认识数的最直观的工具，数轴得到了一贯而下的使用，通过数轴反映出的数形之间的对应关系，引导学生观察数轴、激辩交流，引起冲突；通过学生之间、师生之间不断地在辨析、讨论中拨云见日，直观感悟近似数。近似数是与实际接近的数，用数轴可表示出某一近似数的精确度。如近似数 8000 的精确度可在数轴上表示，即 8000 是一个大于或等于 7500 且又小于 8499 的近似数，使学生对于近似数也能是一个区间有了更丰富、更清晰的认识，也让学生更准确、直观地理解了近似数和精确数之间的关系。可以说，数轴在本节课中成为了学生理解近似数的形象载体，学生对数字有了图形的概念，对表示近似数的含义有较大的帮助，为之后学到的数的稠密性也打下了基础。

（三）聚焦思维，问题简洁有效

问题是建构课堂的支柱，对于数学学习直接决定了思维的方向。通过创设恰当的问题情境或问题组合吸引学生主动地参与数学活动，并努力形成不同层次的数学思考，始终是我的课堂教学关注的重点之一。

"为什么要有近似数？"开门见山、快速地切入主题，少了"复习铺垫"，起到"点击关键，一触即发"的效果。其次直面学生，放手让学生猜猜大约 8000 元的摩托车是多少元，省去了一个个"花费较短时间的即时思考型小问题"。虽然学生经常会在回答中出错或者答案不完整，但正是在这样一次次的质疑、否定中，经由其他学生补充和更正，学生的数感得以强化，思维的敏锐性得以提高。最后借由准确数写出近似数，也就是怎样运用近似数，则是一种更高层次的要求，更有利于学生发散思维的培养，让学生从变式中了解求近似数的方法，也使学生对问题的辨析与反思能力得到了提高。

教师要充分挖掘每个数学知识背后的道理，充分地展现数学知识发生和形成过程中的历史原貌，从而使学生在感受数学知识规定合理性的同时，更好地理解和把握知识本质，体会前人对数学问题的执著探索、理性思考。

> 互动赏课

以教的"简约"达至学的"丰富"

《近似数》是罗鸣亮老师的拿手好课，充分展现了他的教学特色：简约、睿智、风趣、洒脱。课的内涵耐人寻味，课的形式朴实无华，两者相得益彰。这里仅就他如何以教的"简约"达至学的"丰富"，谈几点粗浅的看法。

一、教具简易，以简驭繁

罗老师的课可谓"素课"，没有动感十足的多媒体课件，也没有制作考究的精美教具，却于质朴中自然彰显了教的巧妙和学的丰富。

他是我见过的最善于用磁性数字卡片组织数学活动的数学教师，总能用极少的几张卡片变换出许多我们意想不到的事。磁性数字卡片，是最常见、最简易的数学教具，用法也最简单——翻翻牌、猜猜数、说说想法而已，但罗老师却用出了不寻常的味道，演绎出了趣味与理性兼具的教学奏鸣曲。围绕着近似数的特性，他仅用四张磁性数字卡片，由反变正，由未知变已知，由知之少变为知之多，每变一次，就有一层的数学思考和数学表达，每变一次，就把学生的数学学习往前推进一步，学生被深深吸引和激发，思维之花竞相绽放。简单的磁性卡片，变来变去，变中有不变，变中有思辨，变中有论辩，变、辨、辩交互协作，数字小卡片做成了教学大文章。罗老师有效整合和创造性地开发课程资源，做到了一"材"多用、一"材"多变、一"材"多效，展现了层层往上升、层层有"趣味"、层层有"意义"的教学美韵。

二、结构简明，以简促学

罗老师的课上得轻松自如，感觉他和学生都是在享受课堂，似乎是不经意间教和学的任务已然达成，很和谐，很惬意，很美好。

这节课的结构分为前后关联的三大版块：近似数是什么→为什么这样求

近似数→怎么求近似数。在第一版块中，教师从学生熟悉的生活话题导入，在看似随意的师生问答中，自然触及了教学主题——近似数，既让学生感受了近似数的含义，又激发了学生的学习动机。在第二版块中，以"猜猜罗老师新买的摩托车价格"这一活动为主线，多次运用数字卡片变换问题，借助猜一猜、比一比、说一说等互动活动，辅之以数轴的直观化显示功能，自然生发和推进了学生对近似数求法的感悟和自主建构。在第三版块中，罗老师用了两道蕴含"近似数和准确数彼此转换"的题目，题目很小，但思维空间不小，有效勾联了近似数的求法关键、近似数与准确数的丰富关系等教学内容。罗老师提领而顿，整节课的脉络便清晰可见，教师教得收放自如，学生学得从容深入。

这给我们一个启示，不要把自己的课（特别是家常课）的教学结构弄得过于复杂，那样一来，教师掌控不易，学生学起来还迷茫，还费劲，还不得要领。老师们，何苦既苦了学生，又苦了自己呢？

三、问题简劲，以简生智

罗老师风趣幽默，话语简洁，善用短句子，那些寻常话语经其一说，放到课堂里却生发出了别样的活力和光彩。大概是因为他特别善于对这些短句子进行组合加工吧，一句一句连缀起来，就慢慢累积起了亲切、生动、富于启发性的整体效应，实在是很有教学张力。这是一种很有意思的教学现象。这种效应是如何产生的，其内在机制如何，只能请罗老师本人回应或我们再做研究才能探清原委。

比如，"猜猜罗老师新买的摩托车价格"这一活动中共安排了三个层次的翻牌活动：第一次翻牌出示8□□□，让学生判断数值接近多少千，学生在八千和九千之间无法确定时，意识到无法确定的原因是后三位数未知，要求揭晓未知的数字。第二次翻牌，教师特意揭晓最后两张，让学生再次判断，他们很快发觉仍然无法确定，这引发了学生的重新思考：判断的关键究竟是哪个数位上的数字？学生通过思考达成共识后，并不马上揭晓答案，而是驻足反思：为什么必须看百位上的数字？至此，学生通过观察、尝试、思考掌握了求一个近似数时应根据省略部分最高数位上的数字进行判断。第三次翻牌，为了让学生进一步内化"舍"和"入"的道理，要求指定的学生单独看卡片背面的数字说出近似值，再让其他学生根据近似值来逆向思考：百位上的数字可能是几？简单的问题，引发的是不简单的思维，培养的是不简单的智慧。

简而言之，在罗教师的带领、点拨下，学生乐在其中、悟在心中，既掌握了知识，又学到了方法，数学学习的愉悦感和思考魅力由此深深地植根于学生的心田。

简约风格，追求的是简单而有品位。就课堂教学而言，这种品位既体现在对教学结构的整体设计上，也体现在对教学细节的具体把握上，是整体简约与细节丰盈的有机统一。罗老师的课看似简单，实则每一个细小局部的安排，每一次临机生成的应变，每一回自在巧妙的接续，都是课前深思熟虑、精工细作的研磨和课上敏锐把握、见招拆招的功力相击而生发的教学创造，是一种不容易达到的效果。

愿我们从罗老师的"简约"课堂中看到更多，领悟更多，学到更多！

（山东省淄博师范高等专科学校　张良朋）

第六讲　悬起趣扬，顺畅喜悦
——以《认识整万数》为例

【课前思考】

数的认识学生已经有了很多经验作支撑，其重点都要关注学生数感的发展。本节课《认识整万数》与原来数的认识相比较，有什么相同和不同的地方？《认识整万数》的教学目标不仅体现在帮助学生认识更大一些的数，更体现在帮助学生对整数这一知识序列中计数单位（数位）的扩展过程以及分级的依据等产生内在的认同，并在此基础上摸索出大数的读法和写法的规律，为后续学习更大的数积累数学思考和学习方法上的经验。同时，对数级的认识应该建立在对位值的深刻认识上，即只有对位值计数方法有了较好的感知，对分级计数需求才会有水到渠成的理解。所以，本课教学应让学生建立对位值的大小、关系的认识。

【课堂回放】

背景：

《认识整万数》是在学生认识了万以内的数，并能正确读、写和比较万以内的数的大小的基础上，教学整万数，让学生感受生活中的大数目。认识万级和个级的数位顺序及计数单位，理解整万数的意义，会读写整万数。教材通过呈现生活中的实例，使学生感受到生活和生产中经常会出现较大的数，引发求知欲，再以"10个一千是一万"为基础，借助计数器，引出

"十万""百万""千万"这些计数单位。教材把写数和读数结合起来学习,让学生体会数的实际意义。本节课的内容是在认识整万数的基础上,教学由若干个万和若干个一组成的数。通过教学,让学生理解这些大数目的意义,掌握它们的组成及读写方法,从而更好地感受这些数的数值。

课堂实录:

(一)激疑、设障

(课前播放经典小品《心病》——赵本山给范伟看病的视频)

师:(伸出三个手指)赵本山伸出三个手指,范伟以为他获奖了多少?

生:300。

师:那个时候的范伟晕了没有?

生:没有。

师:可后来为什么就晕了呢?

生:因为加了个"万"字,所以就晕了。

师:加了个万,300万为什么就晕了?

生:数目太大。

师:对了,咱们来看一看,我特意用一万元照了一张相片。(课件呈现:一万一万往上叠加)10个一万元,是多少元?

生:10万元。

(课件出示:10万 10万数)

师:这是多少?

生:100万。

师:对了。(课件出示:100万 100万数)范伟获的奖是多少?

生:300万元。

(课件呈现:300万元现金堆在一起,小朋友感叹:哇!这么多钱!)

师:以前在认数的时候经常用到计数器,(师拿出只有五个数位的计数器)我今天也请一个小朋友把范伟获奖的300万元在计数器上拨出来,谁来?

(学生个个兴奋地举手)

生:(上来迟疑片刻后,在万位上拨了3个,可是还在思索,嘴里念着:

300万呐。）不行。（生皱着眉下去了）

生：怎么够呀？在万位上要拨300个珠子，如果在十万位上要拨30个，在百万位上拨3个就可以了。

（达成共识：还需要更大的计数单位）

［借助小品设疑引发学生思考：300万到底是多少？学生对此产生了心理悬念，求知欲望由此滋生。当课件呈现出300万人民币时，学生为眼前如山堆积的气势所震惊，在具体的情境中感受大数，培养数感。教师请学生在只有五个数位的计数器上拨300万时，学生产生了认知冲突：没法拨啊！它唤起了学生心中迫切的需要，好奇与强烈的求知欲使学生的注意力集中指向困惑之处，达成学习的共识：需要更大的计数单位。这一环节，让学生经历过程，明白计数单位产生的必要性。］

（二）巧问、制错

师：我从福建带来了一个信封，里面藏着一个整万数，请看，（从信封中抽出一部分，有两个6露出来）后面都是0，你觉得有几个0？

生：我猜会有6个0。

师：可能吗？

生：可能。

生：我说可能会有3个到6个0。

师：如果有3个0，那么这两个6分别在什么数位上？

生：万位和千位。

师：这个数是整万数吗？

生：不是。

师：为什么不是整万数呢？整万数哪些数位上必须是0？

生：个、十、百、千数位上。

（师贴出准备好的数位：千位　百位　十位　个位）

师：如果是4个0，这两个6分别应该在什么数位上呢？

生：万位和十万位。

师：万位、十万位有吗？这里真没有。可以有吗？

生：可以。

师：是的，今天刚认识的这些计数单位和以前的计数单位一样，每个计数单位都有自己的位置，那好，（师拿出万位、十万位和千万位的贴片）谁能够把它们的位置摆好？

（生上台贴，如下。）

```
千 十
万 万 万 千 百 十 个
位 位 位 位 位 位 位
```

生：对了。（鼓掌）

生：（举手）不对。

师：怎么鼓掌了又举手啊？

生：少了个百万位。

师：那好，我把这个百万位送给你，你又怎么摆？

（生上台补充）

师：起先他怎么没想到啊？

生：因为你没有给他百万位，所以他就这样子摆了。

师：……好，现在一起读一遍：个位、十位、百位……千万位。如果是4个0，那这两个6就在万位和十万位上。随着以后的学习，还有更多的数位。

现在聪明的孩子往这边看了，刚刚摆出的四个数位（指万、十万、百万、千万）和原先认识的四个数位，对比看看有什么不同。

生：只是前面重复加了个万。

师：是的，多认真观察的孩子，我国计数习惯是从右往左，每四个数位为一级。

（师在个级四个数位上贴出个级）个级表示多少个一，再往左数，那这四位叫作……

生：万级。

师：万级以万为单位，万级上的数就表示多少个万。

（师在万级四个数位上贴出万级）把660000分级，表示有多少个万呢？

这个数怎么读？

……

师：如果是 5 个 0 呢？你能不能也给它分分级？分好后想一想这个数是由多少个万组成。我们给它分级。（学生上来把 6600000 个级与万级分开）万级上的数是多少？表示有多少个万？这个数读作？

……

（出示信封中的 66000000）

师：现在这个信封里的数又是多少呢？这个数又表示多少个万？怎么读？

……

[一个神秘的信封只露出两个 6，引发一系列问题串，不仅使学生对所要解决的问题产生悬念，而且为随后的教学提供了必要的心理准备。学生"找结论"的思维之弦绷得很紧，对于这样找到的结论理解、记忆也更深刻。拿出万位、十万位和千万位，让学生去摆一摆万级数位，故意少了一个百万位，制造错误，在教学重点处埋下一个"引爆点"，让学生在倾听、交流、纠错中不知不觉地掌握了万级数位顺序，使所学新知在潜移默化中渗入心扉。]

（三）求变、留尾

师：这节课在原有基础上有收获吗？

生：我知道整万数怎么写。

生：我学会了分级。

……

师：是啊，这节课是认识大数的开始，如果这节课的内容没学好影响可大了。继续看小品，现在请带着专业的眼光看。

（课件播放赵本山的《捐款》片段）

师：3000 四位数对不对？个十百千，我按 4 个 0，怎么又不对了呢？

生：如果按 4 个 0，那 3 就要写在万位上了，就不是 3000，是 30000 了。

师：……这是小品的情节，据说他在汶川地震时捐了多少？

（课件呈现赵本山照片及捐款数字，大写呈现 500 万。）

师：……我用计算器把这个数按出来，你们觉得我按够了就马上喊"停"。

师：如果喊迟了，就会捐成——（生：5000 万。）如果喊早了就会捐成——（生：50 万。）来，作好准备！

（师在能发声的计算器上按出 500 万，生立即喊停。）

（课件呈现小沈阳照片和捐款数，师按数，生喊停。课件又呈现周杰伦照片。）

师：这是谁？（生：周杰伦。）他也捐款了！想知道他捐了多少吗？听听我按的数！

师：（在计算器上按出 50 万）知道他捐了多少吗？

生：50 万。

（课件呈现姚明照片）

师：他也捐了，听听他捐了多少。

（师按数，生说捐了 200 万。）

（课件呈现慈善首富曹德旺图片）

师：这个人认识吗？曹德旺，中国慈善捐款首富，他在这次捐款晚会上捐了多少钱呢？听听！

师：（在计算器上按出 45 亿）是多少？

生：议论纷纷，这个数好大啊！

生：5 亿。

生：1 亿。

生：45 亿。

……

（课件呈现 4500000000）

师：这个数不会读没关系，读错了也没关系，这个数我们以后再认。下一节课我们会学习。

下课！

[出示名人照片及捐款数字，让学生看数听音喊停，之后改变形式，不提供数据，听音说数，让学生对学习始终保持"新""奇"。在课的最后，呈

现出慈善首富曹德旺捐款金额 45 亿，将悬念设置于课尾，设法在学生心理上留点"余味"，为后继课涂上点"神秘色彩"，激励他们进一步探索和解决问题的欲望。]

【课堂思考】

在本节课教学中尝试进行了以下的探索：

（一）开发教学资源，在具体情境中培养数感

教材是教与学的重要依据，教师首先必须通过研究和分析教材，理解和掌握新教材的编写意图，然后才能进行有效的课程资源开发。课程资源的开发是新一轮课程改革的新目标，可以增强课程内容与生活及现代社会和科技发展需要的联系。"数"本身是一个相对抽象的概念，学生在日常生活中也鲜有接触大数的机会。所以，缺乏对大数的感性认识是他们学习大数时感到困难的一个重要原因。在本节课的教学中，我把教材进行了处理，利用身边的小品素材，创设了一种欢快的氛围和学生乐于参与的具体情境，采用一些有现实意义的数据，把相对抽象的数学知识具体化，让学生在具体情境中感受这些数在生活中的运用与价值。这时，"数"不再枯燥机械，而是贴近学生的日常生活。随着数概念的形成和实际应用数的经验的积累，学生的数感逐渐得到发展。

（二）处理好教师教与学生学的关系

教师教不越位与学生学习到位，是一种和谐的并进关系。课上，我从一个信封里露出两个数字 6，问：里面藏着一个整万数……后面都是 0，你觉得有几个 0？充分利用学生已有的知识资源，让其发挥一种积极的迁移作用。给学生提供了充足的时间，让学生带着问题自己去探索、发现、比较、讨论，在此基础上归纳、总结出万级和个级中间或末尾有"0"的数的读写规则，并逐步完善含有万级和个级的数的读写规则。这样，让学生经历一个自主探究的过程，将探究数的读写规则内化为一种由衷的体验，并进一步掌握分级读写多位数的方法。课堂的教与学是一个有机协调的系统。教师教得越位,课堂将缺乏学生的积极性和主动性;片面地强调学生自主性,忽视或轻视教师的主导性,学生学不到位,也是一盘散沙。课堂上要既关注学生的无意义学习,又关注学生的有意义学习,从而形成学生发现—教师引导—学生获得知识迁移—生成新的知识结构体系的学习建构过程。

(三)在丰富的练习活动中发展思维

在学生掌握了读写规则后,要帮助学生掌握新知、形成技能,练习必不可少。我先是根据各界人士各种捐款大数据,让学生直接读数和写数,然后是估数,给定条件写数,最后是读变化中的数,自由组数等。这样一方面对学生所学的知识进行概括内化,另一方面让学生的学习有个提升应用的空间。既训练学生思维的灵活性及观察的敏锐性,又使之体验数学的价值与魅力。

互动赏课

智慧在简洁中流淌

学生是学习活动的主体,一切教学活动都必须围绕这一主体而进行,所以教师"教"的过程就是帮助学生"学"的过程。在读懂教材的基础上,就要思考什么样的学习目标适合学生,怎样帮助学生最快最有效地达成学习目标,这就是读懂学生的一个简单过程。罗老师在读懂学生的基础上,确定合理的教学目标,教学时,运用自己的智慧,用简单朴实的过程演绎出了一堂灵动的课堂。

华罗庚先生说:教师之为教,不在于全盘授予,而在于相机引导。毋庸置疑,小学生学习数学的过程离不开教师适时、到位的指导。简而言之,教师的指导主要体现在对学习过程的引领,例如学生思维困顿处的"拨云见日"、探究关键处的"点石成金"以及对学习过程的精当评价等等。

对整万数的认识和对数位顺序表的认识，罗教师没有全盘授予，而是用信封里藏数来引导学生猜，后面都是0，可能有几个0。学生有的猜后面可能会有6个0，有的猜可能会有3个到6个0……此时学生的思维非常之活跃。为了让学生认识整万数，罗老师问："如果有3个0，那么这两个6分别在什么数位上？"（万位和千位）"这个数是整万数吗？"（不是）逐步渗透整万数的概念，明确整万数的个级各数位上的数都是0。教师接着追问："如果是4个0，这两个6分别应该在什么数位上呢？"（万位和十万位）从而引出万级各个数位，然后放手让学生将打乱的数位卡片按数位顺序摆好。在教师的引导下，全班学生积极、主动参与，以猜为背景，慢慢地认识了整万数。这一独具匠心的设计，这一简洁教具的使用，蕴含着教师的教学智慧，使学生在猜、摆的过程中，不知不觉地经历了数位顺序形成的过程。

苏霍姆林斯基说："如果老师不想办法使学生产生情绪高昂和智力振奋的内心状态，就急于传授知识，那么这种知识只能使人产生冷漠的态度，而给不动感情的脑力劳动带来疲劳。"实践证明：积极的思维活动是课堂教学成功的关键。罗老师用计算器按数，再次激发了学生的兴趣，当教师在按计算器时，学生的注意力被教师按计算器吸引住了，全场老师的注意力也被吸引了，几千人的会场，只听到微弱的按计算器的声音。学生的思维被教师按计算器给激活了，师生互动掀起了课堂高潮，此时，灵动的课堂呈现在我们眼前。在场的所有人（学生、听课的老师）都随着罗老师在计算器上按出的数在数数。学生在这一过程中巩固了所学的内容。

一个能出声的计算器，在我们常人的手中，也只是在按数时能提醒我们按的数是几，被当成运算工具而已。而这计算器在罗老师的手中却演绎得这么有神韵，这么有效果，应该说，这是教师对教学实践的顿悟，这是教师创造性思维的外显。在这一简洁的教学过程中流淌着教师的智慧。课程智慧就是备课智慧，教学智慧就是上课智慧。罗老师，一吃透教材，把握课程资源；二超越教材，用好课程资源。既重教书，更重育人，运用教学艺术，授以鱼，更授以渔。

（江西省南昌市青云谱区教研室　孙　婷）

第七讲　朴实灵动，预约精彩
——以《认识含有万级和个级的数》为例

【课前思考】

《认识含有万级和个级的数》是学生在认识万以内数、认识整万数的基础上对数的进一步学习，为之后学习亿以上的数打下必要的基础。把"亿以内数的认识"放在数系的整体结构中加以分析，它不仅是一个十分重要的知识点，而且起着承上启下的纽带作用。

【课堂回放】

背景：

《认识含有万级和个级的数》一课的教学重点是掌握含有万级和个级的数的组成及读写方法。学生已经掌握了万以内数的读写法和认识了整万数，但是对于写数和读数中关于"0"的读写还存在一定难度。所有难点在于万级和个级中间、末尾都有0的数的读写法。因此，教学时要让学生明白"计数单位"和"数位"、"数位"和"位数"之间的联系与区别，知道同一个数字在某数中的位置不同，所表示的意义也就不同。

课堂实录：

（一）"猜"数，温故识新

师：前几天大家已经认识了整万数，这节课继续认识含有万级和个级的

数。(板书：认数)

师：我带来个信封，里面躲着几个数，会读的请举手。

(教师逐个出示2000、2003，学生正确读出，教师将数字卡片送给该生。)

师：下一个可能是多少？

生：2006。

师：看一看，(抽出2006)猜对了，送给你！

师：最后一个了，可能是多少？

(学生均认为应该是2009，结果出示是20090000，教师用磁性卡片贴到黑板上。)

师：这个数会读吧？

生：二千零九万。

师：你能不能告诉大家你是怎么读出来的？

生：后面四个0读万，前面的2009与原来读的一样。

师：那也就是说，他把后面四个0分为……

生：个级。

师：你的意思就是要先分分级，对不对？请你上来分一分。(生将20090000分为两级)

师：是的，后面四个是个级，前面四个就是万级。(在20090000上面贴上数位顺序表)我们刚才是怎么读的？

生：二千零九万。

师：好，现在呢？(翻转其中两张数字卡片，变20090000为20092009)谁来说说这个数有什么特殊的地方？

生：这个数不是整万数，个位有个9，千位有个2，所以应该读两千零九万两千零九。

师：他读得对不对？

(很多学生都回答"不知道"，教师请该生再读，再采访其他学生，结果回答还是"这数没学过，所以不知道"。)

师：嗯，这数没学过，而且还这么大，怎么办？

生：把它分成个级和万级。（说完就主动跑向黑板分级，教师帮其贴上数位表。）

师：现在看看，个级上的数与万级上的数都是……（生齐答：2009。）但它们表示的意义一样吗？

生：一个表示两千零九万，另一个表示两千零九。

师：也就是说，这个数由多少个万，多少个一组成？

生：这个数由2009个万和2009个一组成。

师：现在再想一想，该怎么读呢？（连续提问四个同学都正确读出，学生由原来的小心翼翼逐渐变得信心十足。）

师：遇到的数比较大时，我们可以像刚才这样，先分级，然后再一级一级地读。

[亿以内数的认识是建立在万以内数的读写法和整万数的认识的基础上。教师利用一个小小信封创设了富有趣味的"猜数"情境：2000—2003—2006—20090000—20092009，将复习旧知、引入新知、迁移认知融于一体，学生学得兴趣盎然，于欢乐中提取知识储备，于愕然中引发积极思考。]

（二）"辨"数，抽丝剥茧

师：老师再变个数，（把20090000末尾的0去掉一个，变为2009000）现在又怎么读呢？

生：二百万九千。

师：有不一样的读法吗？

生A：二百万零九千。

师：两种不同意见，你们认为哪种正确？（学生各抒己见，意见不一。）

师：怎么办呢？

生：还是像刚才那样先分级。（教师顺势请该生上去分级）

师：现在看一看，这个数由多少个万，多少个一组成？

生：这个数由200个万和9000个一组成。

师：也就是说，万级上是多少？个级上呢？

师：（回访生A）现在你觉得呢？为什么你现在认为读作二百万九千？

生 A：因为刚才分级，我看明白了。

师：对了，先分级，然后看好每一级上的数，再一级一级地读。请你再读一读。

师：如果再去掉一个 0（拿去数字卡片，变 2009000 为 200900），它是由多少个万，多少个一组成的？

生 B：200 个万，900 个一。

生：应该是 20 个万和 900 个一组成的。

师：（回访生 B）你认为呢？（生 B 坚持自己的想法）那你说说你为什么认为是 200 个万，900 个一组成的？（生 B 无言以答）

师：怎么办？

生：（齐答）分级。

（教师请生 B 上来分级，结果生 B 分成 200|900。）

师：有什么建议？

生：应该是四个为一级。（生 B 仍茫然不知所措）

师：来，我们请回它来帮忙（把数位顺序表再次贴上黑板），现在看看由多少个万，多少个一组成。

生 B：20 个万，900 个一。

师：那这个数又是怎么读呢？（生 B 读正确了，教师又提问几个同学均读正确了。）

师：这个数中一共有几个 0？你们是怎么读这个数中的 0 的？为什么这些 0 都不读？（手指个位、十位和万位的 0）

生：因为这些 0 都在每一级的末尾。

师：注意了，现在呢？（再去掉末尾一个 0，变 200900 为 20090。）

（部分学生举手，教师走到跟前，以"耳语"形式交流后，请个别学生发言。两个学生都正确读作二万零九十。）

师：现在又是哪个 0 要读，哪个 0 不读呢？

生：（走到黑板前，指着数字卡片）这个（个位）0 不读，这两个（百位与千位）只读一个 0。

师：那如果连续三个 0 呢？（移动数字卡片，变 20090 为 20009。）

生：二万零九。

师：这里连续三个0，你们刚才只读……

生：（齐答）一个0。

师：从原来的20092009到现在的20009，已经读了好几个数了。你们能不能说一说，在读数时应注意些什么？

生：应注意先分级，再读数。

生：分级时，一定要注意个级要有四个数字。

生：一个数中间不管连续几个0，都只读一个0。

生：万级、个级末尾的0不用读。

……

师：请同学们自己先写个含有万级和个级的数，再给同桌读一读，或者读给同桌听，让同桌写下来。（同桌合作完成）

[仅仅围绕0、2、9三个数字，从20090000→2009000→200900→20090→20009，或减少个数，或变换位置，却营造了一个稳定却又丰富的数学情境。教师"变"数激发学生思"辨"：这些如此相似的数有什么不同？又该怎么读呢？教师借助几个变化的数将"0在万级、个级的末尾""0在中间""中间连续两个0""中间连续三个0"等本课的学习重难点简洁而有效地串在一起，抽丝剥茧般细致而富有层次地使学生理解数的组成，感悟分级读数的方法。通过引发学生思"辨"与言"理"，在比较与沟通知识间的联系与区别中拓展思维。]

（三）"摆"数，突袭难点

师：老师这有个数（出示数字卡片：九百万零二），如果让两个同学合作用数字卡片摆出这个数，你觉得怎么分工合理？

生C：一个摆个级，另一个摆万级。

师：可以吗？那就我们两个（请生C），她摆万级，我摆个级。谁先来？（学生都说应由生C先摆。生C在黑板上摆出900。）

师：她摆好了，轮到我啦。

（教师边读数边在900后面摆个02，学生纷纷说：不对。）

师：（拉住生C说）他们都说你不对！（其他学生齐说是老师不对。）

师：老师怎么会不对呢？这数的个级是"零二"我就摆"02"呀？

生C：因为个级需要摆四个数字，而你刚刚只摆了两个数字。

师：那该怎么办呀？

生：个级上添上两个0。（该生主动跑到黑板前在个级上添上两个0）

师：为什么还要添上两个0呢？

生：因为九百万零二，万级是900，而个级上应是四个数字。

师：说得好！个级上要保证有四个数字，就需要谁来占位？

生：（齐答）0。

师：我们在写数时，确实要按同学们刚才所说的，先写万级，再写个级，哪个数位上一个单位也没有，就在这一位上用0补足。

下面老师带来几个数，一起看看。（出示课件：中国汽车市场销售量，2007年：八百七十九万二千辆；2008年：九百四十万零五十辆。）这两个数有办法写出来吗？动手写写！

（学生独立写数后，集体反馈，教师指导写错的学生反思，寻找错因，并提醒：写完数后，要记得读一读。）

[个级中间连续有0的大数的写法是学生在日常学习中最容易出错的地方，因此有针对性地设计了新颖而富有成效的"合作摆数"的学习方式突破这一学习难点。形式的变化，调动学生的多感官参与，显然比起单纯地提醒更有利于理解。而紧接着"师生冲突"的环节产生的冲突，激起学生主动而积极的争执，有说理者（因为个级需要摆四个数字，而教师只摆了两个数字）、有动手者（激动地跑到黑板前边分级边讲解）。学生"以理据争"说服老师的过程更是自我领悟、自我超越的过程，我们有理由相信，学生在经历"帮助老师改正错误"后，对大数的写法难点将留下非同一般的深刻印象。]

（四）"估"数，深化认知

师：（出示《购物街》主持人高博画面）这是中央电视台著名主持人高博，接下来玩个"估价大战"游戏。

师：第一件商品是09豪华版宝马车，当然，它的价位肯定比我的那辆车要高得多,请你估一估,它的价位可能是几位数?

生:七位数。

师:如果是七位数,价位可能达到……

生:几百万。

师:说对了!它的价格是100多万元,厂家的报价是这样的(课件显示:由0、0、0、0、1、6、8这七个数字组成,一个0都不读)。

师:请大家猜猜,猜对了,将由宝马公司独家提供宝马车(稍停顿)图片一张。(满堂哄笑)先请大家把符合条件的都写一写。

生:一百六十八万。

师:他说的价格可以不可以?0有没有读出来?

师:祝贺你!但高了!

生:一百万六千八百。

师:可以不可以?0有读出来吗?

师:可以,但低了!

生:一百六十万八千。

师:一百六十万八千,0有读出来吗?祝贺你答对了!请上来领奖。

师:要使一个0都不读,这些0得在哪里?

生:0应该在每一级的末尾。

师:继续估价!(课件出示:庆祝国庆,厂家促销。还是这七个数字组成,但只读一个0。)是多少呢?想好了,举手!

生:一百六十万零八百。

师:可以吗?嗯,是只读一个0,但高了!

生:一百零六万八千。

师:也可以,但低了。

生:一百零八万六千。

师:对了!祝贺你!

师:我有个朋友在促销期间,讨价还价又优惠了些。(课件出示:还是这七个数,要读两个0。)

……

[学生思维能力的提高有赖于教师的引领,设计富有趣味性、挑战性和开放性的拓展练习能有效引导学生思维逐渐深刻化。"估价大战"游戏的思路源自教材课后的思考题,相同的七个数字,不同的组合结果可能一个0都不读,也可能只读一个0,也可能要读两个0。借助《购物街》的估价游戏令数学的学习如此活泼、生动,"高了""低了"在培养学生数感的同时,引发学生积极寻求不一样的思路。"把符合条件的都写一写""想好了,举手""可以吗",及时地将学生的思维引向正确的方向,而不至于迷失于好玩的游戏中乐不思"数"。数学教学行为可以是有趣的,但更该是有理的、有效的。]

【课堂思考】

教材是教师"教"和学生"学"的重要媒介,在实施课程改革的今天,教师对待教材应是"用教材"而非"教教材",教师要尽可能实现教材功能的最优化。

(一)渗流,轻而易举

数学是一门系统性、逻辑性都很强的学科,各部分知识之间的纵、横联系十分紧密。学生学习新的数学知识都离不开其原有基础,脱离了已有的知识经验进行教学,其原有的知识经验就无法参与,而新旧知识连接纽带的断裂,必然会给学生带来理解上的困难,使其难以掌握所学的知识。教师应了解教材在各个年级教学内容的分布情况,统观全局,明确各部分内容的地位、作用及相互联系。在教学中要运用迁移规律,来实现难点的突破。本节课中,用魔术的游戏引入,从最简单的2000到2009再到20090000,唤醒学生已有的关于万以内数末尾的"0"不读与中间有一个0或连续几个0只读一个"0"以及整万数分级读的旧知经验,找到新旧知识之间的"连接点"。充满魔力的游戏引导着学生的思维逐步走向深入,学生在游戏中快乐着,在游戏中思考着,在游戏中搭建自主建构知识的桥梁。

(二)灵动,无师自通

"教需有法,教无定法;大法必依,小法必活。"教材只是进行学习和探索的工具。如果依照教材依次教学、按部就班，那么在失去有效性的同时更失去了针对性。"不变"容易导致"僵化"，教师必须保持处理教材的独立性和创造性。要把教材看作一个范本，努力做到入乎其内，把握重难点；同时又要把教材看成一个例子，不唯教材，力图出乎其外，举一反三；更有甚者，能充分利用教材这个载体达到"不教"的效果。变化数字卡片，从 20090000 → 2009000 → 200900 → 20090，请同学们自己写一个含有万级和个级的数并读给同桌听，或读给同桌听，让他写下来。前者让学生充分体会末尾有 0、中间一个 0、中间连续两个 0 的数的读法，后者则重在突破写数上的难点。在这个教学环节中，一数多用，同时把思考、发现和批判的权利交给了学生，让学生有自由支配的"空白时间带"，使他们的思维火花产生碰撞，用自己独特的思考角度去观察，自悟自得。学生通过讨论、交流，不仅明白了本堂课的学习重点，而且为自我展示提供了空间，培养了观察、分析、归纳等能力。

（三）跳跃，发展运用

教学中，进行练习设计时，应注意学用结合，应巧设坡度，不断引起学生的认知冲突，让学生"跳一跳，摘果子"，去进行"再创造"。应充分把握教材中蕴含的数学应用性因素，坚持从学生的生活经验和知识积累出发，改变封闭的单向结构为开放性的多向结构。因为学生对数学的认识不仅仅是指对数学知识内在联系的认识，还指数学学科与外部联系的认识，如数学与日常生活和社会发展的关系、数学的应用价值等，它们对动机都产生重要而积极的影响。"估价大战"游戏，把估、读、写灵活地结合在一起。这样的练习设计极大地激发了学生的学习兴趣，同时让学生深刻地感觉到数学就在身边，增强了学生的数感。创造性地做到了使情境的展示过程变成了学生运用所学知识的过程，细腻的动态的细节展示，更是成为学生思维的创新点。结尾的设计则不仅巧妙又生动有趣，这样就能取得有效的教学效果，所用的是"设疑结尾法"，让学生意犹未尽。

> 互动赏课

朴实中彰显深刻

罗鸣亮老师执教的《认识含有万级和个级的数》这节课，遵循学生的认知规律，重视引导学生自主探究新知，促进数学学习的迁移，使认知策略、方法得到升华，在理解和掌握数学知识的同时，思维能力、创新意识和情感态度等方面得到了和谐发展，展示了生态课堂教学求真务实、追求课堂教学效益的魅力，在朴实中彰显深刻性。

一、利用已有知识经验，促进认知迁移

学生在学习亿以内数的读写法之前，头脑中已经储存着万以内的数和亿以内的整万数的读写法，这样，在原有认知结构的基础上，就可以比较顺当地纳入亿以内数的读写法，有利于实现认知同化。因此罗老师充分利用学生已有的知识经验，运用迁移规律，很自然地从 2000→2003→2006→20090000 的读数中引出 20092009 的读数，从旧知过渡到新知，引发认知冲突，引导学生尝试、探索 20092009 这个数的读法，通过把数分级、借助数位顺序表卡片、说一说由多少个万和多少个一组成，使学生初步理解了亿以内数的读法，促进了学习方法的迁移，提高了课堂教学效益。

二、抓住新知重难点，寻求有效突破

万级和个级中间、末尾都有 0 的数的读法、写法是本节课教学的重难点。为了让学生突破难点，罗老师采用"一个素材多变化"的方式，并结合数位顺序表卡片，将 20090000 逐一去掉一个 0，让学生读出末尾有 0、中间有一个 0 或连续有几个 0 的数。怎么读数？让学生通过分一分、读一读、说

一说由多少个万和多少个一组成，感悟分级读数方法。引导学生回头看，总结读数时应该注意什么，进行学法指导、提升。怎么写数？出示"九百万零二"让学生说说这个数由多少个万和多少个一组成。让师生两人合作摆出这个数，学生摆万级的数，教师摆个级的数，并有意在个级上少摆两个0，让学生发现、比较，并说明应补上两个0占位，感受、体验写数的顺序及组成，突破写数难点，总结写数方法，提升理性思维。

三、注重启发思考，发展数学思维

学会学习的关键是要学会思考。罗老师重视启发学生思考，教给学生数学学习方法。2009000这个数怎么读？让学生想一想、分一分、读一读。2009000、200900、20090、20009的读法有什么不同？引导学生比一比、读一读、说一说，并总结出"中间有一个0或连续有几个0，都只读一个0"。通过想、分、比、读、说等活动，让学生学会比较、沟通知识之间的联系与区别，拓展学生思维，从知识结构转化为认知结构，从学会到会学，实现能力上的转化。

四、组织多样练习，重视能力提升

组织练习是巩固所学知识、形成技能和发展智力的重要一环。罗老师设计了富有趣味性、针对性、开放性和挑战性的练习题组织学生练习。"豪华版宝马车……它的价位肯定比我的那辆车要高得多，请你估一估，它的价位可能是几位数？""厂家的报价是这样的（课件显示：由0、0、0、0、1、6、8这七个数字组成，一个0都不读）"，让学生有理有据地猜测，不仅激发了学生的学习兴趣，巩固了所学的知识，而且有效地培养了学生的合情推理能力。可以说在巩固练习这个环节，让学生美美地实战演练了一番，体验到了学习成功的快乐，既增长了社会生活知识，又提高了解决数学问题的能力。

五、关注评价体验，重视情感提升

罗老师始终诚心诚意地把学生当作学习的主人，关注学生在学习过程中表现出来的情感态度，进行激励性评价。在引导学生读出"2009000"这个数时，鼓励学生大胆尝试，读错了没关系。在师生两人合作摆出"九百万零二"这个数后，请大家评价，发现错误，大胆指出这个数是老师摆错了，不是学生的责任，让学生感受到成功的愉悦。在课末为了满足学生的要求，罗老师做了"变数"魔术表演，达到了"课虽尽，趣犹存，想再学"的境界，把这节课推向高潮。

（福建省龙岩市上杭教师进修学校　邱廷建）

第八讲　博思简显，以约至博

——以《三角形的分类》为例

【课前思考】

四年级的学生已经具备了一定的平面图形的知识，而且认识了直角、钝角、锐角和三角形的特性，三角形按角的特点分类比较直观，学生容易理解。但由于有以前角的分类作支撑，三角形按角分三类似乎是水到渠成，但课堂似乎就少了一种意犹未尽的深刻感。如何立足于三角形按角分类这一知识，在培养学生的空间观念的同时，使课堂更加生动和深刻呢？这是我所思考的。

【课堂回放】

背景：

"三角形的分类"是"空间与图形"领域内容的一部分，是在学生认识了直角、钝角、锐角和三角形的特征基础上展开学习的，苏教版教材编排中三角形的分类只学习按角分的内容，没有按边分的学习要求。根据教材编写意图要求，教学三角形的分类要特别注意三点：第一，必须组织学生积极参与分类活动，在独立思考的基础上合作交流，逐渐形成共识。第二，要扣紧概念的关键，让学生理解为什么锐角三角形强调三个角都是锐角，直角三角形和钝角三角形只讲一个直角或一个钝角，从而掌握判断时的思考要点。第三，让学生在图形的变换中沟通联系、把握区别，加强对各类三角形的认识。

课堂实录：

（一）诱发期待，因需而学

师：我带来一个信封，这信封里装着什么图形呢？请大声喊出它们的名字。（拿出一个三角形，贴在黑板上。）

生：三角板。

师：这是三角板？！

生：三角尺。

师：这是三角尺？！

生：三角形。

师：再说一遍。

生：三角形。

师：这就对了。

师：（陆续拿出一个个三角形，并贴在黑板上）这是什么图形？

生：三角形、三角形……

师：我这信封里还有好多好多，但如果三角形、三角形……同样的名字喊下去，烦不烦？

生：烦！

师：怎么办？

生：给它取名字。

师：为什么要取名字？

生：不然一直叫下去，很烦！

生：给它们分类。

师：为什么？

生：三角形很多，根据它们不同的特征给它们分类，再取不同的名字。

师：对，今后我们可不是一个一个地研究，而是要一类一类地研究。这节课，我们就来学习《三角形的分类》

［开门见山式的导入，省时高效。一个普通的小信封，几个三角形，让学生在"烦"字的背后，深切地体会到给三角形分类、给不同类三角形取不同名字的必要性，学习期待心理油然而生。］

（二）个性分类，自主建构

1. 个性分类，于尝试中领悟分类准则

师：请同桌两人合作，取出信封里的三角形，爱怎么分类就怎么分，但要思考为什么这样分类。

（指名两名学生上台分类，并说明理由。）

生 A：其实我是把它们按角来分类的，你们看，这两个都有一个钝角的分成一类，这三个都有一个直角的分成一类，这两个既没有钝角又没有直角的分成一类。

师：有没有不明白的，需要提问的，赶紧向台上的小老师提问！

生：最后一组里有一个是等边三角形，而另一个不是等边三角形，为什么放在一起？

生 A：我是按角来分类，不是按边来分类。

师：对了，分类是要按一个标准来分的。

生：左边的一类三角形，既有钝角也有锐角，你为什么就按钝角来分呢？

生 A：因为这一类三角形里有它独一无二的特征——有钝角，而另外两类没有钝角呀！

师：有没有与他们的分法不一样的？

生：我是按照边来分类的，这几个都是等边三角形分为一类，这几个是等腰三角形分一类，剩下的既不是等边也不是等腰三角形，它们自己分一类。

师：刚才我们出现了两种分法，一种按照角来分，另一种按照边来分，都是可以的，那么，这节课我们先来研究按照角的特征进行分类！

［这一环节，首先摒弃常规教法，不提供任何标准、不给任何提示，直接呈现七个三角形让学生根据其特征"爱怎么分类就怎么分"，放手让学生自主分类，通过学生阐述分类理由、相互质疑，将学生容易出现的问题暴露于课堂中，教师通过适时点拨，不仅解决了三角形的分类问题，还有意识地渗透了"分类要遵循统一的标准"的数学分类思想，可谓"一举数得"！］

2．猜测想象，体验分类的科学性和封闭性

师：信封里接下来的三角形的三个角有可能分别是什么角？

生：可能是一个直角、两个锐角。

生：可能是一个钝角、两个锐角。

生：可能是三个都是锐角。

师：这些三角形黑板上都有了，还有呢？

生：可能是一个直角、一个钝角、一个锐角。

师：好，大家闭上眼睛想象一下这个三角形是什么样子，黑板上有这样的三角形吗？

生：没有。

师：赶紧画出一个补上去，好吗？

（请猜想的同学上黑板画，其他同学也都在练习本上画，画着画着，有同学停下来了。）

生：这个三角形是不可能画出来的，因为不成立，一个三角形的三个角里要么有一个钝角，要么有一个直角，同一个三角形里不可能既有钝角又有直角。

师：你画出来了吗？

生：如果画的话就是这样子了（如下图），这不是一个三角形了，所以不可能直角、钝角同时出现在一个三角形里。

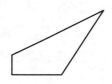

生：是另外的图形，不是三角形了。

生：一个三角形三个角的度数加在一起是180°，一个直角是90°，一个钝角起码有91°，加在一起是181°，所以它不再是三角形了。

师：他用三角形的内角和来解释，不存在一个直角、一个钝角、一个锐角的三角形，太棒了！

师：只有黑板上的这三种情况，还有第四种吗？

生：没有。

师：把所有的三角形看作一个整体的话，可以分成几类？

生：三类。

师：除了这三类，还有吗？

生：没有。只能分成三类。

[当学生分成三类后，教师并不是就直接确认只有这三类，而是继续追问：还有没有其他的三角形呢？在本质中追问，引发学生进一步思考。学生通过自主操作尝试，发现不可能存在第四类三角形，并借助图形来说明道理。这一过程，让学生经历动手验证的过程，体验分类的科学，明白这么分是有道理的！]

3．把握特征，合理命名

师：对比这三类有什么不同点？分别给它们取个名字。

（小老师生B上台命名并说明理由后，由台下学生发问、质疑。）

生：一个钝角，两个锐角，锐角比钝角多，为什么不叫锐角三角形呢？

（教师作沉思状后走到学生中间，蹲下身子，用目光示意台上的小老师，我们都在等你的回答呢！）

生B：（指着黑板上的钝角三角形、直角三角形）这个三角形有两个锐角，那个三角形也有两个锐角，按你这样，那都叫锐角三角形了。那不是一样的名字吗？还要分类干吗？

师：是的，所以我们要根据它不同于其他类的特征来进行分类。

[让学生自主为分类后的三角形命名，阐述理由及质疑，学生在说理中明白"分类必须按照其区别于其他类的根本性特征"这一原则。]

（三）猜想验证，深化认识

师：（从信封里抽出一个三角形，露出一个直角）这个是什么三角形？猜对了这个三角形就送给你。

生：直角三角形。

师：确定吗？为什么？

……

师：（从信封抽出一个三角形，露出一个钝角）继续。

生：钝角三角形。

师：为什么？

……

师：机会不多呀，可要想好了猜哦！（从信封里抽出一个三角形，露出一个锐角。）

生：锐角三角形。

生：无法确定。

师：前面看到一个直角或钝角就可以了确定，现在为什么无法确定？

生：因为所有的三角形都至少有两个角是锐角。

师：如果我告诉你这个角是三角形中最大的角呢？

生：锐角三角形。

师：讲道理。

生：因为这个三角形中最大的角是锐角，其他两个角也一定是锐角，所以这个三角形是锐角三角形。

……

[这一环节可谓"窥一角而思全局"，在之前学生建立按角分不同类型的三角形的表象基础上，教师通过猜三角形的游戏，丰富学生对于各类三角形的形象感知。这里的"猜"是有层次的、有针对性的，特别是第三次露出的是一个锐角，学生因思维定势误判是锐角三角形，并因此而引发学生思维的碰撞，学生联系之前分类的经验得出：每个三角形至少有两个锐角，这是所有三角形共性的东西，因而得出结论——判断三角形的类型，最关键的是三角形中最大的那个角。这一过程，既检测了学生对之前分类要领的掌握情况，又让学生在思辨与想象中发展了空间观念，在运用中深化了对三类三角形特征的认识。]

（四）动态连点，拓展延伸

师：（出示图1）这格子图上有 5 个点，连接哪三个点会是直角三角形？锐角三角形呢？还有？

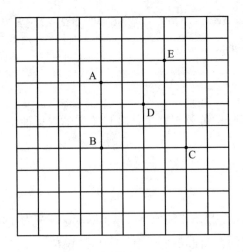

图1

师:(出示图2)C点跑到了格子图外,现在连接这三点会是什么三角形?

生:钝角三角形。

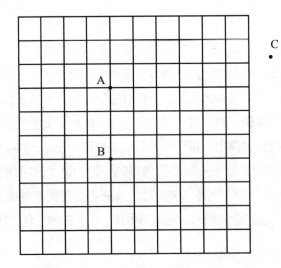

图2

师:C点再往下移动,一直是钝角三角形吗?现在我们玩个游戏,当C点移动到你觉得和A、B点能连成一个直角三角形时,你就大胆地站起来喊"停"!

（师移动 C 点）

师：为什么不喊？现在连接起来是什么三角形？

生：（齐答）钝角三角形。

生：（C 点继续移动，齐喊）停。

（有个别学生没站起来）

师：其他同学都站起来，你为什么不站？

生：C 点还没有移到 A 点所在的直线上，所以我不站起来，还是钝角三角形。

师：她说的到底对不对？怎么办？

（通过课件验证还是钝角三角形，学生又纷纷坐下。）

（继续移动 C 点，让学生判断在不同位置三点形成怎样的三角形。）

师：给你三个点，你就能连成一个三角形吗？

生：能！

师：错了，请看，若三点成一条直线呢？

师：所以要记住一句话："少一些想当然，多一些理性的思考。"

【以动态、有趣的游戏形式，在辨析三角形相关元素的变与不变之中显现三类三角形的内在联系与区别。课件中，在格子图中只剩下点 A 和点 B，点 C 出现在格子图之外，教师问学生连成的是什么三角形。学生回答是钝角三角形。此时呈现了动态的 C 点，在喊"停"中让学生的思维"动"起来。先纵向移动格子图外的 C 点，当学生判断与格子图上 A、B 两点能形成直角三角形时，站立喊"停"；继而横向移动 C 点，让学生判断在不同位置三点形成怎样的三角形，体验到三类三角形的不同特征，以及三点成一直线的特殊情况。这一过程中，学生的思维被移动的 C 点激活，课堂的灵动在 C 点的移动中显现。】

【课堂思考】

本节课的设计，主要基于以下几方面的思考：

（一）放开思路，让课堂"活"起来

数学的教学过程中突发和生成性的因素很多，造成多数老师以主导性的"师本教育"教学知识，忽略了学生的主观能动性的作用。而"生本教育"是新时代新型的教育理念，强调将学生作为课堂的主体，以学生的成长为根本出发点，重点培养学生独立思考、独立解决问题。本节课的设计力求开放思路，将学生存在的问题直接呈现于课堂上，引导学生独立思考，在质疑释疑的过程中掌握知识、提升能力、训练思维。

（二）蹲下身子，让学生"亮"起来

一节课最大的亮点应该是学生的出彩而不是教师个人的精彩，本节课的设计中不断淡化教师的"教"，而将更多的尝试、探索机会还给学生，让他们自主经历完整的探究过程，学生收获的不仅仅是知识，更是积累了一次富有长远影响意义的数学活动经验。

（三）简化教具，让思维"动"起来

"数学是思维的体操"，衡量一节数学课优劣的标准不是课堂上运用了多少新奇的教具，更不是课堂环节多么新颖有趣，而是这一节课学生的思维是否得到了训练，学生是否得到了数学方法、数学思想方面的提升。本课使用的所有教具、学具都是常见的，制作也非常简单，但这仅仅是表象的简单，朴实的素材却激起学生澎湃的思潮，这就是"简约"——经过提炼形成的精约简省！

互动赏课

简约　大气　魅力

2012年12月6—13日，我有幸参加了由广东"名思教研"主办的"解读新课标,重构新课堂,演绎新思维"全国小学数学名师教学风采展示与专家报告会。在深圳市罗湖体育馆聆听了众多名师的课堂教学和讲座,其中由福建省教研室罗鸣亮老师执教的《三角形的分类》一课,给我留下特别深刻的印象。罗老师匠心独特的教学设计、灵活多变的教学手段、生动活泼的数学语言、随机应变的组织教学能力深深地折服了我,让我受益良多。下面与大家一起分享这节课的与众不同。

一、课前谈话孕育新知

最好的课前谈话是不露痕迹地由谈话引入新课学习中去,为学生的课堂学习作好知识、方法、情感等方面的准备。这种谈话几乎分不清哪是谈话,哪是导入,真正做到"大雪无痕"。

罗老师一站上讲台,就问学生:"此时此刻你坐在这里,有什么感觉?"学生有的说高兴,有的说骄傲,有的说自豪,还有的说光荣。老师又问:"为什么光荣?"学生说:"因为我们代表了全校同学来这里上课。""因为这里有许多观众。"老师再问:"看看,是不是很多观众?我怎么没看出来,我怎么只看到两人?猜猜我是怎么看的。"一学生指着下面的听课老师说:"左边一群人,右边一群人。"老师:"你是按位置来分。"一学生说:"同学和老师。"老师马上说:"你这是以身份不同来分的。"一学生说:"男的和女的。"罗老师接着说:"这是按什么来分的?嗯,对了,按性别来分。""真是值得兴奋、骄傲和光荣,现在就把你们的兴奋、骄傲和光荣在这40分钟里展示出来。"

每每听名师的课,总会为其幽默睿智的课前谈话所折服。寥寥几句看似随意的聊天,由于教师的巧妙定位,一下子缩短了师生因不熟悉而产生的心理距离和隔阂,融洽了师生之间的情感,激发了学生探求知识的欲望。罗老师巧妙引导、有机渗透,课前谈话中就渗透分类思想,静悄悄地为学生学习新知"三角形的分类"作好了铺垫。真是"爱心无痕,精彩有约"!

二、一言一行尽显风采

我非常有幸听到罗鸣亮老师两节课,零距离领略了名师的风采和魅力。一节课是在2012年"现代与经典"宁德会场的《万以内数的读法》,另一节就是这节《三角形的分类》。罗老师以生为本，把课堂交给学生，让学生充分展示自己，让学生自主探索，让课堂充满童趣，活灵活现，非常值得回味。而印象特别深刻的是罗老师课堂上的一言一行都是那么沉着、从容、简洁、大气，爱心满满，彰显个人的风采和魅力。

　　课伊始，罗老师说："我带来一个信封，这信封里装着什么图形呢？请大声喊出它们的名字。"他拿出信封袋中的一个三角形，举起来。一学生说："三角板。"师反问："这是三角板？！"一学生说："三角尺。"师："这是三角尺？！"另一学生纠正："三角形。"师："再说一遍。"学生齐说："三角形。"师："这就对了。"

　　这里，罗老师只通过两个简洁的反问，就让学生自行纠正了不正确的数学语言、图形名称——三角形不能叫作三角板、三角尺，潜移默化中就让学生明白，数学语言是非常严谨科学的，一字之差都不行。试想，如果没有老师认真细心的倾听，没有高深的数学语言的修炼，没有丰厚的文化底蕴，哪会有如此精彩简洁而略带幽默的反问呢？

　　课堂上罗老师随时弯下甚至蹲下他那高大的身躯去亲近、面对学生——倾听学生的发言、和学生一起交流、和学生一起学习。既显示了他对孩子们极大的爱心与耐心，也展示了他对课堂驾驭的游刃有余，尽显名师风采，充满个人魅力。

三、思想方法润物无声

　　本节课主要就是让学生能将三角形按角分为锐角三角形、直角三角形、钝角三角形，并且掌握这些三角形的特点，感受它们的联系与区别。"动态连点"的设计，既是对三种三角形区别与联系的沟通，也是对整节课内容的总结与提升，让学生在不断判断中一步一步明晰概念，形成三种三角形之间的关系网络图，做到了最大限度的沟通。更为可贵的是，教师在学习方法指导上"随风潜入夜，润物细无声"。教师根据学生已经形成的经验或心理定势——三角形有三个顶点，问学生："给你三个点，你就能连成一个三角形吗？"让学生逆向思考。当学生齐声回答"能"时，老师却说"错了"，然后水到渠成地引出——"少一些想当然，多一些理性的思考"，这学习方法上的高屋建瓴，引导学生最终折服并受益于数学的理性思维。这对孩子们今天的学习生活以及将来的学习生活来说，都是相当宝贵的方法和经验呀。罗老师的课真正体现了此次大会的主题"解读新课标，重构新课堂，演绎新思维"——新课标由"双基"变成"四基"，就是增加了基本数学思想和基本活动经验，数学思想方法的教学比知识更重要！这不仅给孩子们，甚至给听课老师都留下了深刻难忘的印象！

四、教学设计独具匠心

罗老师的课堂，选材"少而精"，用材"单而丰"。《三角形的分类》一课，教师凭借一个信封袋和 6 个形状各异的三角形，就为孩子们上出了简约而灵动，低碳而高效的数学课。没有华丽的课件，凭借独具匠心的设计、逻辑性极强的数学语言，演绎了一堂让每一位听课老师叹服、折服的课！

有效的数学学习活动不能单纯地依赖模仿与记忆，动手实践、自主探索与合作交流可以最大限度地调动全体学生的积极性、主动性和创造性，是学生学习数学的重要方式。因此，在教学中科学地安排学生动手操作，有利于学生在具体的操作情境中自我感觉，自己思维，自主发现。

例如，罗老师拿出自己预备好的信封里的形状各异的三角形，让学生们一一说出名称，罗老师一共拿出了 6 个三角形，学生也说了 6 遍。老师问：烦吗？学生：烦！老师再问：怎么办？让学生自己想办法从而引出"分类"。

还有，罗老师请两名同学到黑板上给信封里的三角形进行分类，并让他们当小老师，告诉大家分类的理由。

其他学生向小老师提问，充分发挥学生的主体作用，在生生互动、师生互动中体验三角形分类。

课堂上学生与学生之间、学生与老师间的交流、探讨和争论，比比皆是，不像是正在进行的课堂教学，更像一场辩论会，在这过程中教师也只是一个倾听者，聆听学生热火朝天地发表自己的看法，直到学生自己探索出正确的思路，让全班同学心服口服。真是精彩的"生本"课堂！

"猜三角形"这一环节也让我印象深刻。三角形藏在信封里，只露出一部分，让学生据此猜它属于哪种三角形。露出一个角，猜一猜信封里装的是什么三角形。露出一个直角,学生猜是直角三角形;露出一个钝角,学生猜是钝角三角形;露出一个锐角,有学生脱口而出:锐角三角形。思考片刻后,许多学生说:不一定,还可能是钝角三角形或直角三角形。在学生猜后,罗老师揭示谜底——从信封里依次拉出用线连着的锐角三角形、直角三角形、钝角三角形。这样一个游戏,不仅激发了学生的兴趣,连我这个听课老师都惊讶无比,惊讶于罗老师的巧妙设计、奇妙构思!真可谓"独具匠心"!让学生在反思中进一步掌握三种三角形的特征。

看似简单的猜测背后,隐藏着丰富的思考。一是检验学生对三种三角形特征的掌握情况,二是对学生进行逆向思维训练,三是提高学生的分析、判断、归纳能力,四是整体建构三种三角形间的密切联系。简约灵动,一石多鸟。

罗老师的课简约、大气,充满魅力。我想让数学课堂散发数学特有魅力才是数学教学所追求的境界,像罗老师那样不断追求更高层次的简约求实的师生对话的境界,才会彻底解放学生,为学生的数学学习提供持续的动力。这样的数学课堂才是扎实、厚实的,才是尽显生气、灵气的简约课堂。

罗老师的课简约而不简单,简约而丰富,简约而深厚,值得细细品味和学习。

(福建省上杭县临江城东小学　林小红)

第九讲　由表及里，明晰道理
——《混合运算》教学思考

【课前思考】

"先乘除后加减"这一计算法则学生已经耳熟能详，教师如何在看似"平淡"的"未学先知"的计算教学中组织学生参与、互动，并获得心智、能力以及数学思考的发展？操作、活动等都是参与的外在表现，而"思潮澎湃"式的思维的投入却是内在更深层次的参与。而这些都有赖于我们教师为学生搭建思考、表达、交往、实践的平台。

【课堂回放】

背景：

学生在学习混合运算之前，已经学会按从左往右的顺序计算加减、乘除或乘加、乘减的两步式题，并且知道了小括号的作用，在学生已有知识经验的基础上，梳理运算顺序，对学生来说难度不大。但是学生并未能真正理解综合算式的概念。基于以上学情分析与课前思考，笔者将本课的教学目标定位于：（1）在解决问题的过程中理解"先乘除后加减"的道理；（2）能正确计算混合运算题，经历与他人交流各自算法的过程；（3）感受混合运算与生活的密切联系，增强学习数学的兴趣。

围绕教学目标，笔者设计并组织了以下教学活动：

（一）呈现起点

师：昨天和女儿一起逛街，看到商店里有"阿狸"（出示相关照片）。你们喜欢吗？

师：从图中你们了解到哪些信息？

生：一对"阿狸"30元。

师：既然喜欢，我就给了女儿50元让她买一个。付款、找钱后，她很纠结，她觉得售货员阿姨好像找错钱了，只要找她10元就够了。你们觉得呢？

生：不对呀，买一对都会找回20元，买一个应该找回更多。

生：一个的价钱是30除以2等于15元，应该找回35元。

师：你们能列个综合算式表示吗？

生：50−30÷2。

师：可是她怎么算出等于10元呢？同桌一起想一想。

生：她先用50减去30等于20，然后再用20除以2等于10。

生：她是从左往右计算的。

师：你们有计算过从左往右的综合算式吧，谁来举例说说。

生：50−30+2。

生：20×5−30。

生：30÷6−5。

……

师：但是这个算式从左往右计算怎么又不行呢？

生：要先算除法。

生：要先算乘除后算加减。

师：你们是怎么知道的？

生：老师告诉的。

生：妈妈说的。

[苏霍姆林斯基曾说："在教育过程中，儿童越是觉察不到老师的教育意图，教育效果就越好，我认为这条规律是教育艺术的核心。"根据孩子的已

有学习基础与生活经验,虽然学生真正理解运算顺序是在本节课,但大部分学生都已懵懂知道"先乘除后加减"的计算法则,本课学习内容对学生来说已经不是全新的内容。教师面临的问题是如何在学生看似"已经会"的情况下,调动他们学习的积极性,并静下心来探究新知。因此,在教学过程中,教师创设了一个购物情境,以"示弱""设疑"的方式,转变"学习者"的角色为帮助解决"我女儿"困惑的"小老师"。学生在具体的购物情境中,利用已有的知识经验为他人释疑、解惑,为下一步的理解算理打下基础。]

(二)理解算理

师:你们在二年级时就已经知道了,但现在是四年级,四年级的同学是会讲道理的。应该要怎么让我女儿明白先算除法是有道理的? 同桌先商量商量。

生:要求找回多少元,必须先求出用去多少元,因此先要算 $30÷2$,求出一个的价钱是15元。

生:再从总钱数50元里减去15元,剩下35元。

生:先算 $30÷2=15$ 是求出一个的价钱,再算 $50-15=35$ 是求出剩下的钱。

师:我女儿又去了文具店。请看——(出示:墨水10元、文具盒7元、记事本3元、钢笔7元、毛笔5元、圆珠笔3元)

师:她会买什么呢?买的东西总价格列式为 $7+3×2$,你猜她买了什么?

生:一个文具盒、一本记事本和一支圆珠笔。

生:一个文具盒和2支圆珠笔。

生:一支钢笔和2支圆珠笔。

……

生:一件7元和2件3元。

师:请想一想为什么先算 $3×2$ 是有道理的。

生:因为要求总共花了多少钱,先要算出2件3元文具的价钱,然后再加上7元。

生:先算 $3×2$ 就是先算 $3+3$。

师：好，请用线段图把这个算式表示出来。结合线段图想一想：还可以怎么列式？可以怎样计算？

生：7+3+3。

生：先用7加3等于10，10再加3等于13。

师：（出示：7+3+3+3+3+3+3）现在呢？你们是怎么算出来的？

生：因为这道算式里有6个3，所以先算6×3，然后再加上7等于25。

师：有不同算法吗？为什么都不从左往右连加呢？

生：太麻烦了！

师：对，先算后面的6个3简便多了。

师：（出示：100-5-5-5-5-5-5-5）这个算式呢？

生：100连续减去7个5，就是先用7乘以5等于35，再用100减去35等于65。

师：对，这一题可以先算7个5。好，现在回过头看看7+3×2，你又会怎么说出先算3×2的道理呢？

生：3×2是2个3相加，先求2个3的和，再加7。

生：先求出2件3元的总价钱，再加上7元。

师：（小结）其实每一个算式背后都有一定的故事，而混合运算都是在讲述两个或两个以上的故事，乘法和除法都是在完成其中的一个故事。

［计算教学中教师要预防出现"重算轻理"的现象，教学时要引导学生"知其然，知其所以然"。在本环节教学中不仅要让学生能够结合具体情境来理解"为什么要先乘除后加减"，更要挖掘数学的本质内涵，引导学生能结合算式本身的意义来理解算理。从具体情境抽象为线段图，再提升到乘除法的意义，让学生通过已学的知识分析、探讨，并解释新知算理。循序渐进地引导学生经历了从现象到本质，从局部到整体的过程，深入理解计算法则背后的算理。］

（三）拓展练习

（1）说出"100-20×3"这个算式背后的故事。

（给予学生较充裕的时间与空间，要求学生说出算式背后的故事再计算。）

（2）独立计算："18×5-30÷6"。

（展示学生计算过程，着重质疑"为什么可以把'18×5'和'30÷6'同步脱式计算"。）

（3）数学活动：符号去哪儿了？

①算式"3□3□3="的符号被遮住了，但只知道先算后两个3，猜猜看分别可以填上什么符号。

（学生各抒己见，提出不同的想法。）

②快速口答"3+3-3+3=？"

（受数据特点的影响，很多学生抢答等于0，在教师启发下，学生反思并订正。之后，教师让学生思考：如果"3+3-3+3"的结果等于0，算式可以怎么改？除了添上括号，算式"3□3□3□3=0"还可以填上什么符号，看谁的想法最多。）

③讨论：算式"3□3□3□3="除了等于0，结果还可能是什么？请为下面算式填上适当的运算符号，使等号两边相等。

3□3□3□3=1　　3□3□3□3=2　　3□3□3□3=3

（四）全课总结

师：有人说知识改变命运，而我要提醒的是符号决定运算顺序。至于括号怎么改变运算顺序敬请期待。

［数学的练习是学生系统掌握"双基"的重要手段，也是培养学生能力、发展学生智力的重要途径。本环节"透过算式想故事"的学习方式，让计算学习不再是为算而算，在坚守"数学味"的同时给予学生个体发挥想象的空间，使他们体会到呆板的算式背后的丰富内涵与魅力。其后，所组织的"符号去哪儿了？"数学活动，融入了变式练习和开放练习，将枯燥乏味的计算训练巧妙地转化为紧张刺激的数学游戏，帮助学生保持强烈的学习兴趣，不仅巩固了新知，也纠正了新知的易错点。活动给予学生更多的参与机会，使之能多方位、多角度地进行思考，不但有利于学生发散思维、求异思维、直觉思维的培养，而且促进学生思维发展更具广阔性、灵活性、创造性。］

【课堂思考】

（一）立足已有认知，深刻理解算理

在每一个知识点的探索活动之前，教师都应对学生已经存在的相关知识经验做到心中有数。在本节课的教学中，大部分学生已经懂得先乘除后加减，教师不需要亦步亦趋地、大费周章地从创设情境引入，引出算式，分析算理，苦口婆心地强调先乘除再加减，应在学生已有知识的基础上进行适度的调适，这样才能更有利于学生探索活动顺利有效地进行。"一个学生所用的计算方法应该建立在学生深刻理解的数学观念的基础之上。"教师在教学"先乘除后加减"的算法时应更重视促进学生从算理层面理解算法，这样一来，学生对算法的掌握才不再是简单的模仿、机械的套用。

（二）关注算式内涵，发展数学思想

计算教学需要适度的练习，需要一定量的训练，这样学生才能熟练和灵活地计算，但计算练习不仅需要"算"，更需要的是"想"，要避免将计算练习单纯作为程序性训练。练习要针对计算过程中的重点、难点、疑点进行，在比较中孕新、发现。寻找"100-20×3"这个算式背后的故事，赋予枯燥的算式具体、生动的情境，让学生在编故事中进一步明晰算理。通过灵动而富有内涵的"符号去哪儿了？"帮助学生有序、分层地总结、归纳、整理，促进学生不断实现认知结构的改组与重建，形成知识体系，系统地掌握知识。这样的题目，价值不在于计算，而在于培养学生的推理能力，发展学生的数学思考。计算课也应该是一个生动活泼的、主动的、富有个性的过程。

附录一

追寻教育梦想的旅程

人生有梦。拿破仑有梦想,让他梦想成真的是从炮兵干起;卓别林有梦想,让他梦想成真的是从跑龙套做起;曾宪梓有梦想,让他梦想成真的是从卖纽扣开始。作为教师,我也有梦想,我的教育梦想在数学教学中萌发,从每一节课开始。

公开课——在炼炉中渐生渐长

每个教师的成长都离不开公开课。我也是在公开课的"炼炉"中,不断地修正自己。教学在这样的"炼炉"中渐生渐长。执教至今,我在大大小小的场合上过许多次公开课,精彩与遗憾时常同行,然而最难忘的还是第一次上公开课。刚毕业那年,学区进行教坛新秀的评选。我在完小校长林山森的鼓励下报名参加,校长还亲自带我到本学区教学出色的郑成福老师家,拜他为师。当时的自己不懂也不会表露自己的思想,总觉得师父说的每句话就是金科玉律。整个磨课过程不断地复制师父的语言、设计,没有自己的思考和理性分析,更不会自己创造,只觉得必须把师父说的每句话都装到大脑里,以至于当天现场上课进行到一半时,我已经是满头大汗。原因有三:(1)第一次上公开课身着正规的西装,领带扎得特别紧;(2)学生的回答教案里面没有,师父没有告诉我该如何作答,在教案里面找不到答案;(3)怯场,望着台下黑压压的人群,我感觉头晕目眩,挥汗如雨,恨不得躲到教室讲台底下。幸好师父似乎看出了我的囧样，悄悄把他随身携带的手帕送上来，并安慰我："没关系，坚持住！"当时的每一秒我都感觉度日如年，40分钟的煎熬总算坚持下来了，结果学区教坛新秀自然是评不上。但这毕竟是我教学生涯中的第一次公开教学，之所以让我刻骨铭心地记住，并不是因为失败，而是因为在这一过程中，我领悟到上公开课对自己的成长有着极大的促进作用，累并收获着。从此我立下奋斗目标：再有机会，绝不放弃，一定努力上好每节课！

1995年3月，我荣幸承担福安市"目标教学"课题研讨会的公开教学任务，并得到进修学校林雄老师的下校指导。试教之后的评课指导，他不但直言不讳地指出环节设计的问题，而且还亲自示范，用生动的课堂语言现场模拟课堂片段。当时我的内心无比佩服与激动，能碰到这样一位指导老师如此仔细而认真地指导自己，何等幸运，他仿佛一道曙光照射进了我无比渴求进步的心里。怀着无比尊敬的态度，我斗胆地提出："林老师，待会儿您去指导另一个老师时，我能跟着您去听听吗？"也许是我的真诚、我如饥似渴的求知态度打动了他，从此以后，我荣幸地成了林老师的徒弟，在林老师的指导下，我羽翼渐丰，对教师工作的热爱之情也与日俱增。感谢师父与我一路携手同行。

如今的我，回顾自己曾经的经历，当时觉得一些"名人"看上去似乎很遥远，一些事物甚至不可企及，但其实只要自己大胆地跨出一步，真诚地说出心里的渴望，是可以和他们"零距离"的。机会永远给予努力争取的人！我想作为年轻的老师，的确要给自己树立一些短期、长期的目标，并及时寻求教育强者的帮助，这样才能促进自身不断提高、发展、飞跃。

学生——精彩课堂的主导者

一节课的成功与否取决于你让学生收获了多少，在课堂上当你放手把更多的机会给了学生以后，课堂中就会收获许多意想不到的精彩。

记得我曾参加在西部举行的"南方教师与西部教师手拉手"教学活动，那次的课只能用"惊险"来形容，因为在临上课前一天组委会要求由他们来指定课题，其他几个前辈胸有成竹地表示同意，正忐忑不安尚未表态的我直接被忽略不计了。庆幸的是当天晚上指定的课题是"三角形的认识",是我前几年上过的一节课。

当再次重新审视这节课时,我推翻了自己原有的设计,原因是:学生在生活中已经广泛接触了表面是三角形的物体,就是在数学学习过程中,三角尺也已经是学生学习的朋友了。今天的课堂无非是对学生直观认识的三角形作进一步整理和归纳,从理性的层面来分析和提升。于是导入部分我直接让学生画三角形,追问学生"为什么说你画的是三角形?"学生说有三个角、三条边。是的,有三条边,还可以叫三边形。紧接着追问"还有和三有关系的吗?""角、边、顶点"都出来了,学生们正朝着我设想的思路迈进,正当我暗暗自喜,想进入第二个环节的教学时,最后一桌有个学生带着激动的伴奏声高举着手说:"老师,有三个顶点能不能叫三点形?"我一下子蒙了,这该如何作答?把球抛回去给下面的学生,有的学生说可以,有的说不可以。无奈的我只能保持沉默,挥手示意让他坐下,他坐下的动作尤其缓慢,似乎在对我的漠视表示不满。台下的老师们睁大了眼睛仿佛在看我怎么出丑。我感觉到后背上阵阵拔凉,"孩子啊,老师也不知道该怎么回答你呀!"

接下来我步步为营,极力想从"三点形的危机"中解救出来,学生也很给面子,后面的课高潮迭起、精彩不断,学生和听课教师渐渐将"三点形"遗忘。在课结束的前几分钟,我让学生们找生活中的三角形。又有一学生举手,我一看,背上又开始拔凉了,是那个提出"三点形"的孩子。我当时故意当作没看见,想回避他,可现场听课老师们全看见了,尤其是善良的摄像大哥还提醒我:"他举手了。"如果再出现"四点形""五点形",我会死得很惨。心惊胆战的我强作微笑地朝他走去,每一步都走得很沉重。全场静悄悄的。"老师,我也找到一个三角形,在屋顶上。"随着他的一指,我望向屋顶,天啊,屋顶上哪里有三角形呢?下面的学生也一脸茫然,大家都没找到。可恶的三角形躲在哪里呢?在最关键的时候,人的机智总能发挥极大的作用,我当时灵机一动,把实物投影转向了屋顶,屋顶是用圆柱形钢管支撑的。我把投影对准钢管时,发现钢管之间用三个螺丝连接固定,把这三个点连起来就成了三角形。这时我反问孩子:"你找得非常好,可是为什么不用4或5个螺丝固定呢?"他响亮地回答:"3个已经能形成三角形,够稳定了,用 4 或 5 个浪费。"全场响起了热烈的掌声。在经历这次惊心动魄的"认识三角形之旅"中，我得到了人生中又一重要启示：多给孩子机会，会有意想不到的收获！学生拥有无限的潜能，学生的整体认知水平可能不如教师，但是在一个班级里你会发现，在课堂的某一时刻，总有学生对某个知识的思考和想法会超越教师。一节好课应该把学生的潜能释放出来，这样就会出现期望之中、意料之外的惊喜。

梦想——在努力中完善自我

通往成功的路有很多条，但是每一条都需要付出和牺牲。你可以用泪水赢得安慰和鼓励，但是你不能停止用汗水赢得成功。虽然努力了不一定会成功，但是不努力就一定与成功绝缘。从农村完小到了福安实小后，我像是一个不谙世事的孩子，诚惶诚恐，开始睁大眼睛看外面的世界。在这里我看到了自己与同事的差距，看到了自己理论水平的匮乏，看到了教育研究的领域原来如此宽广无边。感受到自己的不足，我的求知渴望越来越强烈，我常常反问自己："我应该怎么教学才能快速提升自己的课堂教学能力？"心理学研究显示：一个人把工作的价值看得越高，由此激发的动机就越强，在工作中焕发的内部力量就越大。有这样一个故事：三个工人在砌一堵墙，有人过来问："你们在干什么？"第一个人闷闷不乐地说："在干活。"第二个人漫不经心地说："在赚钱。"第三个人快乐地说："我们正在建设一个新城市。"十年后，前两个人依旧在砌墙；而第三个人却成了建筑工程师。也许是刚进城，刚到新校的原因，我对工作充满激情，有点像砌墙的第三个人，我暗暗告诉自己：努力，把数学课上得简单、快乐！于是，在很长一段时间内，我成了老师中最谦虚的"学生"，经常听老教师的课，一遍遍修改自己的教学设计，全身心地扑到数学教学的研究实践中，身在课堂，我真切地体会到教学基本功的重要，为了练好粉笔字，我在厨房里也挂了个小黑板，几乎一有空就写了擦，擦了写。同事批评我上课喜欢手插口袋、频繁走动，为了提醒自己，我在讲台上粘了字条，甚至在衣服袋口粘了透明胶袋……我还潜心研究名师的优秀案例，并移花接木，巧加利用，半独立地设计、执教了十多节公开课，不断地丰厚和积淀自己的教学能力。

2000年12月，福建省教研室向全省教师公开征集《列方程解应用题》录像课，从中选出一名参加全国比赛。得知消息，我立即向进修学校提出申请，获得宝贵的参赛机会。可真正受命参赛时，摆在面前的有两大困难：一是时间紧，离选送录像的截止日期只有两周，别人早就快马先奔了，而我还未起步；二是设备差，我当时所处的福安市逸夫小学还没有多媒体教室，每次试讲只好借用其他学校的多媒体教室。为了上好这一节课，我不断反复斟酌进行认真修改，力求臻美，甚至到拍实录时还临场再改。直到截止日期当天晚上十点半才拍完录像，连夜乘车送往福州。功夫不负有心人，经过专家评审，省教研室确定让我代表福建省参加全国比赛。

　　进入备战全国比赛的冲刺阶段，我三番五次前往福州寻求省教研室彭晓玫老师指导。那真是一段难忘的"取经岁月"，两天一次，频繁地前往福州找彭老师备课，百忙之中的彭老师总是不厌其烦，一次次抽空认真和蔼地指导着我，大到整节课的设计理念、每个环节的设计思考，小到每个设问的提炼、板书的设计等细节，都作了详尽的指导。在试教遇到问题时，彭老师又及时根据学生的学情和课堂出现的问题用心帮助调整设计。在彭老师的指导下，此刻的我仿佛是一只春蚕在经历着人生的蜕变，"苦并快乐着"是真实的心境写照，脑海中除了课还是课，几乎所有的东西都能让我联想起我的课——《列方程解应用题》。

　　2001年4月，带着《列方程解应用题》一课，我代表福建省参加在山东淄博举办的"全国第五届小学数学优化课堂教学观摩比赛"。当时福安逸夫小学非常穷，经费不足。德高望重的老校长郭孝卿二话没说让我坐飞机，他自己却乘坐大巴，整整颠簸了三天三夜才到达山东。三天后，当我再次见到校长时，他因长时间坐车而蓬头垢面，显得邋遢不堪，我不禁眼眶湿润。这哪里像是一个校长，简直就像一个捡垃圾的人。然而就是这样一个让老师坐飞机自己挤大巴的好校长，知道我因为水土不服，哑了声音，立马满城找金嗓子喉宝，当时的比赛地点到晚上七点多大部分店都关门了，买不到我所要的金嗓子喉宝。那一夜，他花了60元打的费，连夜跑到邻近县城买来了珍贵的金嗓子喉宝。第二天早晨，我接过校长递给我的药，心底在默默地流泪，内心的感激无法言喻，感动、感谢之余，我更从他的身上感受到一名好校长弥足珍贵的好品质。

这节课最后荣幸获得现场比赛一等奖，这对当时年轻的我来说，是惊喜。著名小学数学教育专家、北师大教授周玉仁是这样评价这节课的：福建罗老师执教这一节课，大胆地把课例改编成生活的实例，通过学生接触生活解决数学问题，是我们今后课堂教学改革的主方向之一。这不仅是对我个人的鼓励，更是对我身边帮助我的教师团队的肯定。

审视——回归真实，理性思考

一位心理学家说过："当一个人真正准备好要迎接一个事物的时候，这个事物就会露脸了。"这就是一种召唤，一种心灵的到达，这更是一种让人向这个事物尽力靠近的谁也无法遏止的力量。这种力量就是追求梦想的力量。一个人绝不能轻视自己的梦想，梦想是我们生命的拐杖。不论前方的路有多远，山有多高，只要你坚强，梦想总会引领你，走到它本应有的高度，因为梦想永远是我们生命的高度，也是我们心灵的高度。

获奖后，远离了喧嚣和浮华，让自己在最短的时间内静下心来，读书、思考，并对自己前期的一些课例进行了分析比较。开始努力认识自己、剖析自我、辨析自我，试图在课堂上找到真实的自己，听从自己内心真实的声音。渐渐地，我发现自己从容了许多，淡定了许多。每次上完课，不再去关注别人的感受，而是追问自己的心：我上出真实的自己了吗？我真情演绎自己了吗？跟孩子们真实交流对话了吗？还能有更大的突破吗？在不断追问中，努力构建心中的理想课堂。

回顾个人成长过程，我心存感激，感激那些曾经帮助我和现在帮助我的师长们，这些人的名字，此生都会无数次让我记起和感念。其中还不乏年龄比我轻、资格比我浅的年轻老师。"学高者为师"，他们的引领令我少走了许多弯路，令我的专业道路迈得更加坚定、更加扎实！

今天，我的教育梦想仍在继续，我的梦从未终止！思考一直在路上，在教育这条充满希望和梦想的路上，在执著行进的路上，前方道路愈来愈清晰——构建"讲道理"的数学课堂，还数学以本来面目，"强调对数学本质的认识"，让数学课堂成为师生共同成长的地方。我在继续前行……

附录二：他人眼中的我

像树一样向上　如水一般向前

我们眼中的罗鸣亮老师，像树，根牢牢扎在地下，默默吸收泥土的养分，只要给他一缕阳光，就绝不放过长成参天大树的机缘，走近他，能给人一片绿色；又像水，不知疲倦，不断壮大不断向前，低调宽容不断积蓄，执著坚韧不断追求。

第一次遇见罗老师，是在他参加"全国第五届小学数学优化课堂教学观摩比赛"荣获一等奖的表彰会上。当时，他被人们称为"闽东第一人"——改写了闽东无人获得全国现场赛课一等奖的历史。就在第二年，我有幸成为罗老师麾下福安市逸夫小学数学教师队伍中的一员，跟随其后走过了一段美好而又难忘的教育之路。初来乍到，我对这样一个头戴光环的老师，自然是有几许敬畏。但不久就发现，他在我们中间一点校长的架子都没有，幽默风趣的话语让他的身边总是笑声不断。大家似乎都很乐意和他交流，他的平易近人和精深的业务素养也好像在他的周边造就了一个磁场，深深吸引了许多人。

一个见过我们和罗老师一块儿做课情景的同行，不无羡慕地说："以为看到的会是罗校长的'一言堂'，这么和谐的交流氛围让人感动。"是的，每次做课，他既是决策者也像个主持人，总是适时地把"话筒"递到我们的面前。于是，我们开始胆战心惊地说自己浅薄的理解，开始稚气地谈感想……

现在想来，当时在阅历丰富的罗老师眼里，我们的一些想法肯定是漏洞百出，但是罗老师始终十分认真，时而抬头全神贯注地侧耳倾听，时而低头在笔记本上快速地记录，时而委婉地提出见解，这样的倾听让人感动……我们这个团队，在他的带动下，总是这样知无不言，言无不尽，对课堂教学的理解在一次次的和谐交流中得到提升，他常说："有不同的声音了，真好！"没有上级和下属的冰冷等级，这样的谦逊让人感动……

最享受的是听他的"现场直播"——一位老师在上课，听罗老师小声地对教师转瞬即逝的反应作出各种点评，如果到了课毕，细节被遗忘之后的交流就会大打折扣！我们对"现场直播"都习以为常，上课老师也并不因之受到影响，礼节不约束我们这个熟悉得如同家人般的团体。他的"转播"也让人受益。每一次他看到什么优秀的教育论文或听了一堂好课，他总是欣喜地与我们交流，从他的口中我们知道了不少名师大家，在他的影响下，我们拜读了许多教育佳作，了解了教育前沿的新思潮，就这么在与他的交流中我们对教学艺术的理解更加深刻具体。

"区区40分钟，请善用你的每一句话！"每次上课就想起罗老师说的这句话。语言的简练、精准，是罗老师一直让我们做的。比如指导年轻教师上课，有些指导教师从纯理论的高度出发，加以精辟的阐述与分析，让你心悦诚服的同时却仍不知所措；有些指导教师则源于神来之笔式的灵感，犹如羚羊挂角，无迹可寻，让你拍案叫绝之余却无从借鉴。而罗老师在指导我们时，引领我们共同经历了为了什么、该怎么办、为什么这么办，有没有更优方案，再加上他亲自的尝试、示范，让我们这些"愚徒"听得明白、说得清楚、上得流畅。

细细想来，掬起的每一滴都是感动，蓦然回首，过往的教育之路，留下了一串或深或浅的足迹，每一步的坚定与从容，只因一路上有您在用自己的言行告诉我们：像树一样向上，如水一般向前……

（福安市逸夫小学　邱　燕）

罗鸣亮：用爱心探索课堂教学的真谛

课改是个挑战，更是一个机遇，为广大教师的专业成长开拓了广阔的空间。我们欣喜地看到，课改以来我省一批批年轻教师在实践中一步一个脚印地茁壮成长，并逐渐成为小学数学教学与教研的生力军。罗鸣亮就是其中的一个。

认识罗鸣亮的人常常为他的热情、质朴、谦虚、勤奋所感动。确实，他在待人处事中，始终保持自己的本色——"眼里有活，见活就干，干就干好"，而他在投入教学与教研时，更展示了他对教学、教研的执著与对学生的爱心。

结识罗鸣亮以来，不论他是在福安逸夫小学任普通教师、副校长，还是现在到福安赛岐小学任校长，但凡接到他的电话时，他总是徜徉在探索教学的心路上，为提升自身教学素养费思量。有时他干脆乘四五个小时的车，从福安赶到福州，"阐述教学设想—借班现场教学—听取各方意见—修改教学设计"，可谓争分夺秒、马不停蹄，而后又不顾天黑路远就匆匆返回。从中我们或许能够更加深刻地体会到他的研究之路是怎样走出来的。

在罗鸣亮成长过程中，我们看到他埋头学习教育理论知识、虚心地向他人求教、总结自身经验、反思教学问题等，不断地在理论与实践的结合中探索自我发展的道路。他经历了"复制""模仿"和"自主思考"等阶段，从跟随"师父"、照搬"师父"教学方法开始，慢慢地扩大"师父"队伍，从众多的"师父"身上吸取众家之长，融入自己的原创性思考，在博学中采集、思索，最后在教学实践探索中，在优秀教师的示范激励下，开始建构自己的教学思想，构建有效的数学课堂，找到目标，找到自己，关注自己，审视自己，逐步走向成熟。

罗鸣亮生在农村、长在农村，从农村学校走出来，学历不高，专业理论造诣不厚，如果仅仅满足于自我实践，从长期来说，最终要受到环境的局限和思想的束缚，走不快，登不高，也走不远。他很知足，说自己从农村能够走到这儿，已经很不错了；他又不知足，探索发展之路，通过读书、学习、交流、反思，把自己的教学实践搭建在伟人的理论基础、他人的经验教训和自己的深刻思考上，使自己的视野更加开阔，思维更加活跃，方法更加多样，从而不断提升自己的教学水平和丰富教研方法。其实，他的学习方式很简单。跟一般教师一样，只要有现场教学观摩课的，他都要争取机会参加，特别是名师的展示课更是"有机会一定参加，没机会也要创造机会参加"。实在没机会时，他就千方百计找到光盘，独自静静地品味，逐个环节琢磨。在观摩过程中，他注意理解与教学内容紧密相关的教学目标、教材使用、教学过程等关键问题，揣摩教学细节的处理动机和方法，与自己可能的处理方法对照比较，反思自身与授课教师存在的差异。有机会，他还登门请教教育前辈、名家，聆听长者的教诲，倾听名师的高见，分享同行的心声，思索着教育教学中蕴含着更为深远的真谛。他因此而结识了省内外的许多名家名师，无形中拥有了更多的"指导老师"甚至是"一字之师"，为他的持续发展提供了源源不绝的思想源泉。

学习教育理论和他人经验，都属于间接知识，终究还是要靠自己在教学实践中去验证、整理、吸收，把教育理论和他人经验变成自己的财富。特别是直面实践中遇到的困惑，寻求新的突破方向是一位年轻教师成长的有效捷径，磨课就是他屡试不爽的方法。他首先熟悉一般课例的教学。上好课，深刻解读教材，写好教学预案是基础，他在此方面下了很大功夫。通过学习课标、学习教材，理解和领悟教学目标，对不同内容的教学过程采取相对应的处理方法。在反复修改教学设计以后，就开始试上课，并请同事们一起听课、评课，接着再改、再上，直到达成阶段目标。对要重点突破的课例，他都要一次次准备，一遍遍试讲，一次次修改，直到自己满意为止。为了了解学生的情况，丰富自己的教学方法，积累机智处理课堂生成的经验，他借班教学常常是把本校的平行教学班教完，而后从城关再到熟悉的农村学校借班教学，把能借的班全部教完。到实在没班可教时，他还把眼睛盯向了省城学校。在此基础上，他逐步把自己从磨课中获取的经验进行总结升华。如针对不同教学内容构建不同教学模式："圆的认识"设计构建"提出问题—解决问题—应用问题"教学模式；"0的认识和有关0的加减法"设计构建"创设情境—提出问题"教学模式；"加法交换律和结合律"设计构建"获得数学信息—提出问题—合作交流—实践—发现运算律—解决简单的实践问题"教学模式；等等。接着，他又从关注一般课型到实践难度较大的解决问题教学，有意识地给自己确立一个个富有挑战性的难关。如在《解决问题的策略——画图》的教学中，他就经历了逐步提高的过程。起初，他认为"解决问题的策略"就是传统意义上的应用题教学，就把教学的着眼点落在创设情境、改编例题呈现方式、帮助学生理清数量关系上。教学过程中，他产生了疑问：是解决问题重要还是形成策略重要？无疑，形成策略才是本节课的落脚点，而解决问题只是为形成策略服务的。于是，他重新进行教学设计，取消了一开始的数量关系的复习训练，但教学中发现学生仍然不能主动地比较各种策略去帮助解决问题。如何让学生体会解决问题策略的多样性是问题的关键？第三次调整时，首先把目标更改为确定解决问题的正确思路；其次教学过程中先让学生说，让他们思考，再来解决问题，让学生在解决问题的过程中学会用直观示意图的方法整理有关信息，能借助所画的直观图分析实际问题中的数量关系，体验画示意图的好处；最后，学生在解决问题的过程中，体验到数学的魅力，自然形成了解决问题的策略。

有人说，罗鸣亮有太多的机会。但我认为，机会不如用心，机会只留给有心人、用心人。要问他为什么能够全力以赴地潜心教学、专心教研？他的回答很朴素，也很简单：学生怎么学能轻松、能快乐、能学会，我就怎么教；让学生喜欢我，喜欢上我的课是我最高的追求。或许，这样的工作动机听起来既不崇高也不"时髦"，但我们从中却可以领悟到推动他不停地向前奔跑的力量源泉。

（福建省教研室　彭晓玫）

后　记

　　我并非一个善于笔耕的人，更多的时候，我更喜欢通过言语来表达我的情感和思想。我喜欢"讲"，喜欢将自己的想法、见解通过口头言语形式表达出来。也因此本书中大部分的案例素材都来自我这几年教学研讨活动中的讲座、课例。文字直白、平淡，或许会让你觉得索然无味，但是每一句话都是我的用心所在。同一节课，往往因面对不同的学生而产生不同的效果，生成新的设计与思考。每一次上课都会引发我对"讲道理"的课堂进一步的认识与思考；每一次讲座"说理"时，在与老师们的对话中，都能产生"理"与"智"的思维碰撞。衷心地希望，本书中的初浅文字也能给你们带来些许触动，引发些许思考。

　　一直觉得自己是极其幸运的，因为生命中有一群不离不弃、敢想敢说、敢爱敢恨的良师益友！他们会在你跌倒时扶你一把，在你疲惫时让你靠一靠，在你浮躁时批一批你，在你消极时为你鼓鼓劲……多少个不眠之夜围灯磨课，多少次激情辩课，常常是唇枪舌战，争得面红耳赤，却丝毫不损情谊。情到深处自然浓，课研实处自然明。团队是我成长路上一股强大的力量，因为有了这股力量的支撑，课堂"创作"才会焕发出新的生命力。感谢所有在我生命轨迹中留下印记的朋友们，因为有了你们，我变得更加真实、更加懂理、更加明理。

　　感谢耐心读完此书的读者，请原谅我的笔拙，欢迎大家提出建议、批评指正，愿与大家分享我最真实的内心感受，呈现最真实的我。

图书在版编目（CIP）数据

做一个讲道理的数学教师/罗鸣亮著.—上海：华东师范大学出版社，2016
ISBN 978-7-5675-5628-7

Ⅰ.①做... Ⅱ.①罗... Ⅲ.①小学数学课—教学研究　Ⅳ.① G623.502

中国版本图书馆 CIP 数据核字（2016）第 200900 号

大夏书系·数学教学培训用书

做一个讲道理的数学教师

著　　者　罗鸣亮
策划编辑　朱永通
审读编辑　张思扬
封面设计　百丰艺术

出版发行　华东师范大学出版社
社　　址　上海市中山北路 3663 号　邮编　200062
网　　址　www.ecnupress.com.cn
电　　话　021－60821666　行政传真　021－62572105
客服电话　021－62865537
邮购电话　021－62869887　地址　上海市中山北路 3663 号华东师范大学校内先锋路口
网　　店　http://hdsdcbs.tmall.com

印 刷 者　北京东君印刷有限公司
开　　本　700×1000　16 开
插　　页　1
印　　张　13.5
字　　数　206 千字
版　　次　2017 年 1 月第一版
印　　次　2022 年 3 月第十次
印　　数　33 101—35 100
书　　号　ISBN 978-7-5675-5628-7/G·9776
定　　价　35.00 元

出 版 人　王　焰

（如发现本版图书有印订质量问题，请寄回本社市场部调换或电话 021-62865537 联系）